U0948766

"十三五"国家重点出版物出版规划项目

|文|化|建|设|卷|

中国文化旅游发展之路

DEVELOPMENT COURSE OF CHINESE CULTURAL TOURISM

钟 晟 编著

中国财经出版传媒集团
经济科学出版社
Economic Science Press

图书在版编目（CIP）数据

中国文化旅游发展之路/钟晟编著. —北京：经济科学出版社，2020. 7
（中国道路·文化建设卷）
ISBN 978－7－5218－1688－4

Ⅰ. ①中… Ⅱ. ①钟… Ⅲ. ①旅游文化－旅游业发展－研究－中国 Ⅳ. ①F592. 3

中国版本图书馆 CIP 数据核字（2020）第 120046 号

责任编辑：李一心
责任校对：靳玉环
责任印制：李 鹏 范 艳

中国文化旅游发展之路
钟 晟 编著
经济科学出版社出版、发行 新华书店经销
社址：北京市海淀区阜成路甲 28 号 邮编：100142
总编部电话：010－88191217 发行部电话：010－88191522
网址：www. esp. com. cn
电子邮箱：esp@ esp. com. cn
天猫网店：经济科学出版社旗舰店
网址：http：//jjkxcbs. tmall. com
北京季蜂印刷有限公司印装
710×1000 16 开 12 印张 160000 字
2020 年 10 月第 1 版 2020 年 10 月第 1 次印刷
ISBN 978－7－5218－1688－4 定价：48. 00 元
（图书出现印装问题，本社负责调换。电话：010－88191510）

《中国道路》丛书编委会

文化建设卷

《中国道路》丛书审读委员会

总　序

中国道路就是中国特色社会主义道路。习近平总书记指出，中国特色社会主义这条道路来之不易，它是在改革开放三十多年的伟大实践中走出来的，是在中华人民共和国成立六十多年的持续探索中走出来的，是在对近代以来一百七十多年中华民族发展历程的深刻总结中走出来的，是在对中华民族五千多年悠久文明的传承中走出来的，具有深厚的历史渊源和广泛的现实基础。

道路决定命运。中国道路是发展中国、富强中国之路，是一条实现中华民族伟大复兴中国梦的人间正道、康庄大道。要增强中国道路自信、理论自信、制度自信、文化自信，确保中国特色社会主义道路沿着正确方向胜利前进。《中国道路》丛书，就是以此为主旨，对中国道路的实践、成就和经验，以及历史、现实与未来，分卷分册做出全景式展示。

丛书按主题分作十卷百册。十卷的主题分别为：经济建设、政治建设、文化建设、社会建设、生态文明建设、国防与军队建设、外交与国际战略、党的领导和建设、马克思主义中国化、世界对中国道路评价。每卷按分卷主题的具体内容分为若干册，各册对实践探索、改革历程、发展成效、经验总结、理论创新等方面问题做出阐释。在阐释中，以改革开放四十多年伟大实践为主要内容，结合新中国成立七十年的持续探索，对中华民族近代以来发展历程以及悠久文明传承的总结，既有强烈的时代感，又有深刻的历史感召力和面向未来的震撼力。

丛书整体策划，分卷作业。在写作风格上，注重历史和现实相贯通、国际和国内相关联、理论和实际相结合，对中国道路的重大理论和实践问题做出探索；注重对中国道路的实践经验、理论创新做出求实、求真的阐释；注重对中国道路做出富有特色的、令人信服的国际表达；注重对中国道路为发展中国家走向现代化的途径、为解决人类问题所贡献的中国智慧和中国方案的阐释。

在新中国成立特别是改革开放以来我国发展取得的重大成就基础上，近代以来久经磨难的中华民族实现了从站起来、富起来到强起来的历史性飞跃，焕发出强大生机活力，迈进中国特色社会主义道路发展的新时代。在新时代建设社会主义现代化强国的新的历史征程中，中国财经出版传媒集团经济科学出版社、中国特色社会主义经济建设协同创新中心精心策划、组织编写《中国道路》丛书有着更为显著的、重要的理论意义和现实意义。

《中国道路》丛书2015年策划启动，2017年开始陆续推出。丛书2016年列入“十三五”国家重点出版物出版规划项目、主题出版规划项目。丛书第一批，2017年列入国家“90种迎接党的十九大精品出版选题”；2018年获国家出版基金资助，作为馆藏图书被大英图书馆收藏；2019年被中宣部遴选为“书影中的70年·新中国图书版本展”参展图书，并入选国家社科基金中华学术外译项目推荐选题目录。丛书第二批于2019年陆续推出。

《中国道路》丛书编委会

2019年9月

引　言

文化是旅游的灵魂。从广义上来看，文化伴随着从旅游资源的开发、旅游景区景点的规划建设、旅游产品的打造到旅游者旅游体验的全过程，任何旅游活动都可以被看作是文化旅游。在几乎所有的旅游活动类型中，都具有文化旅游的属性内涵。从狭义上看，文化旅游是以获取对旅游目的地的深层次文化体验为主要目的和内容的旅游活动类型。因此，文化旅游是一种内涵与外延都十分广阔的旅游形式，在全球旅游业中扮演着日益重要的角色。

世界各国都高度重视文化旅游的发展，将文化旅游视为展现国家文化形象的窗口、提升文化凝聚力和认同感的手段、重要的经济产业以及促进城市和区域发展的引擎。例如欧盟委员会提出打造“欧洲：世界第一旅游目的地”，并实施了“欧洲文化之都”“欧洲文化之路”“欧洲文化名片”“创意欧洲”等一系列推动文化旅游发展的政策举措。作为文化旅游大国的日本，2016年进一步提出了“支撑明日日本的观光愿景”计划，极尽旅游资源的魅力，使之成为区域经济复兴的基础；提高国际竞争力，使之成为国家的支柱产业。韩国于2008年改组文化体育观光部，统筹管理文化、艺术、影视、广告、出版、刊物、体育、观光等相关事务，将文化旅游作为展现国家形象与促进经济发展的重要行业。

我国是世界四大文明古国之一，幅员辽阔，历史悠久，文化灿烂，拥有丰富多样的地理地貌和地域文化，随着古代旅游或旅行活动的开展，由此形成了独具中国文化特质的文化旅游资源和文化旅游传统。自古以来，随着帝王巡游、士人文游、僧道云游、市民郊游等旅游或旅行活动的开展，为我国的自然山川赋予了丰富的文化内涵、精神内涵、美学内涵和象征意义，形成了中国文化特色的风景名胜资源，对现代文化旅游资源开发和文化旅游行为也产生了深远的影响。近代以来，随着国门的打开、工业化进程的开始和西方现代文明的涌入，外国人开始进入中国旅行，中国人也逐步走出国门，包括旅行社、酒店等现代意义上的旅游业也孕育而生。新中国成立后至改革开放以前，旅游业则主要承担政治接待任务，1964 年中国旅行游览事业管理局作为国务院管理全国国际、国内旅游事业的职能部门正式成立。

1978 年改革开放至今，随着对外开放、经济改革和人民生活水平的提升，我国现代旅游业发展十分迅速并日趋成熟。在 40 年间，我国旅游业从无到有，从弱到强，成长为世界旅游市场中的重要角色，连续多年保持全世界最大的旅游市场、第一大出境旅游客源国和全球第四大入境旅游接待国地位。旅游业已发展成为国民经济的战略性支柱产业和人民幸福生活的重要需求。

进入新时代，在文化大发展大繁荣的时代背景下，文化与旅游的融合发展又进入了新的阶段。2018 年 3 月，经第十三届全国人大一次会议审议通过，文化部和国家旅游局合并组建为文化和旅游部，随后，地方各级文化和旅游厅、文化和旅游局相继合并组建，一时被人称为“诗和远方走到了一起”。文化和旅游部部长雒树刚提出了文化和旅游融合“宜融则融，能融尽融，以文促旅，以旅彰文”的总体方针，文化与旅游的职能融合、产业融合、市场融合、消费融合全面展开。文化旅游被赋予了新的内涵与意义。

从历史纵向来看，中国文化旅游具有深厚的文化底蕴、悠久的发展历史，形成了独特的中国文化特质。自中国近代旅游业形成雏形开始，到新中国成立后至改革开放以前主要承担政治接待任务的旅游事业，再到改革开放以来现代旅游业的快速发展，旅游作为一个现代经济产业已经趋于成熟，并发展成为国民经济的战略性支柱产业。文化旅游在我国旅游业成熟化发展过程中，扮演着极其重要的角色，形成了自身独特的发展特色和路径，是文化建设领域中国道路的典型代表。

首先，中国的文化旅游资源和审美体验深深浸润了中国传统文化的内涵，是民族文化认同的重要来源。文化旅游活动是人一生中宝贵的经历，通过对祖国大好河山的游历，实地体验不同地域的自然环境、社会经济、历史背景与人文风貌，可以极大地丰富旅游者的地理人文知识，激发起旅游者的家国情怀、对中华文化和大好河山的热爱赞美之情，塑造并强化对中华民族的文化认同，构筑中华民族的精神家园。

其次，中国文化旅游产业是国民经济的重要支柱性产业，也是助推区域发展的结构性力量。改革开放以来，文化旅游起初是作为重要的外汇来源、经济产业和就业部门，受到国家和各地方政府的高度重视。近年来，随着经济增长方式转型和产业结构调整，文化旅游与相关产业融合发展，已经成为助推区域发展的结构性力量，成为国民经济中的重要支柱性产业。

再次，中国文化旅游发展是美丽中国和生态文明建设的重要组成部分。我国文化旅游传统中的景观理念，通过对自然山水的诗意塑造，创造了大量富有东方文化韵味的风景名胜及文化景观遗产。在改革开放以来文化旅游产业的发展过程中，旅游业首先被认为是一种不消耗资源与能源的“无烟工业”，之后则日益强调在旅游开发过程中对自然生态的保护，如今文化旅游已经发展成为推动区域发展从传统的依赖资源、能源及大规模建设的路径转型为生态文明路径的关键力量。

最后，中国文化旅游发展反映了人民美好生活的不断提升与实现。文化旅游活动满足了人们享受生活、钟情自然、陶冶文化情操的需求。改革开放以来，伴随着人民生活水平的不断提升，对文化旅游的需求也如井喷式增长，促使我国文化旅游产业不管是从规模上还是品质上都得到迅速发展。2018 年党的十九大报告指出，要不断满足人民日益增长的美好生活需要，文化旅游作为人民美好生活的重要需求，其发展正当其时。

中国文化旅游发展之路，既关乎中国旅游文化传统，又与中国人的生活趣味和审美情操息息相关；既是对中国文化的表达与体验，又是重要的经济产业、民生事业和生态工程；既与国际文化旅游发展规律和趋势紧密联系，同时又具有独特的中国模式和中国路径。因此，中国文化旅游发展之路，是中国道路·文化模式的重要体现，并必将对世界文化旅游的发展形成独特的借鉴意义。

在本书的编撰中，得到了武汉大学傅才武、张薇等教授的指导，部分章节的撰写得到了湖北经济学院旅游与酒店管理学院曹流教授、蒋昕副教授、张春琳副教授，江汉大学黄颖彬老师，以及武汉大学国家文化发展研究院博士生李俊辰、硕士生高唐璇、研究助理王异凡等人的协助，在此一并致谢。

钟　晟

2020 年 6 月于武汉大学

目　录

第一章　文化旅游的全球发展背景 …………………… 1

一、文化旅游发展的全球共识 …………………… 1

二、全球文化旅游发展的主要政策实践 ………………… 5

第二章　中国文化旅游传统与历史渊源 ………………… 16

一、中国古代文化旅游传统 …………………… 16

二、中国近代旅游业的萌芽 …………………… 21

三、新中国成立初期旅游事业的发展 ………………… 27

第三章　改革开放以来文化旅游的发展成就 ………… 32

一、文化旅游的探索期（1978～1991 年） ………………… 32

二、文化旅游的成长期（1992～2012 年） ………………… 35

三、文化旅游的繁荣期（2013 年至今） ………………… 39

第四章　文化旅游的业态繁荣 …………………… 47

一、文化遗产旅游 …………………… 47

二、民俗文化旅游 …………………… 58

三、主题公园旅游 …………………… 69

四、乡村文化旅游 …………………………………… 79
五、城市文化旅游 …………………………………… 92
六、旅游文创产品 …………………………………… 107
七、文化旅游演艺 …………………………………… 115

第五章　新时代文化与旅游融合 ………………………… 126

一、文化与旅游融合的政策背景 ……………………… 127
二、文化与旅游融合的“体用一致”论 ……………… 129
三、文化与旅游融合的理论机制 ……………………… 133
四、文化与旅游融合的政策举措 ……………………… 140
五、文化与旅游融合发展案例 ………………………… 145

第六章　文化旅游的中国道路 …………………………… 157

一、文化旅游传承创新优秀文化 ……………………… 157
二、文化旅游推动经济转型发展 ……………………… 162
三、文化旅游促进美丽中国建设 ……………………… 167
四、文化旅游提升人民美好生活 ……………………… 169
五、文化旅游构筑民族精神家园 ……………………… 171

参考文献　/　175

第一章

文化旅游的全球发展背景

文化旅游作为一种行为活动古已有之，是一种世界性的文化现象。从现代意义上的旅游业诞生以来，文化旅游作为既是一种旅游的类型，也是一种旅游的方式，受到来自全球的广泛关注。中国文化旅游发展之路与20世纪70年代以来全球文化旅游的蓬勃发展紧密关联，有必要在全球视野下观照文化旅游的发展背景。

一、文化旅游发展的全球共识

文化是旅游的灵魂。旅游是一种文化现象，任何一次游历经历，都是一次对新文化的体验。从旅游/旅行活动诞生之始，体察不同地域的风土人情，便是旅游/旅行的重要内涵。随着现代旅游业的发展繁荣，文化旅游（cultural tourism）被认为是一种以文化体验为主要目的及内涵的旅游类型，在全球范围内不断向深度和广度发展。目前学界对于文化旅游的认识尚未统一，定义相对松散，需要从不同的视角来进行审视。广义的文化旅游是指在寻求和参与全新或更深文化体验基础上的一种旅游形式，与一般的旅游活动区别甚微，因为任何一次旅游经历都含有文化体验的内涵。从狭义来说，文化旅游的概念内涵可以从旅游资源、旅游体验和市场需求等不同角度来理解。

从旅游资源角度，文化旅游是一种以文化旅游资源为主要依托开展的旅游活动和打造的旅游产品，这些文化旅游资源可以包括历史古迹、建筑、街区、博物馆、物质文化遗产、非物质文化遗产、民俗活动、文化创意、艺术、演出、传统节事及现代节庆等。从旅游体验角度，文化旅游是一种以文化为载体，以文化体验为主要内涵和形式，游客在旅游活动中观赏、学习、体验不同类型文化的旅游形式。文化旅游体验是文化旅游活动的本质，可以划分为浅层次体验和深层次体验、观赏性体验和融入性体验等层面，具体类型有身心愉悦、获取知识、精神熏陶、文化认同等表现形式。从旅游市场需求的角度，文化旅游是一种以求知、求奇为主要目的而进行的旅游活动，旅游者渴望在旅游过程中得到真实性文化体验。

（一）国外学界的研究和定义

国外学界和业界对文化旅游的概念内涵的界定有很多种。里奇和珍斯（Ritchie & Zins，1978）指出文化是旅游目的地吸引旅游者的关键要素，并归纳了 12 种吸引游客的文化因素，包括手工艺品、语言、传统、烹饪、艺术与音乐、历史、劳动、建筑、宗教、教育、服饰和休闲活动等①。最早提出文化旅游概念的是美国学者罗伯特·麦金托什，他认为“文化旅游包括旅游的各个方面，旅游者可以从中学到他人的历史和遗产，以及他们的当代生活和思想”②。世界旅游组织（WTO）作为全世界旅游界的权威机构，其对文化旅游的定义是：“本质上出于文化动机而产生的人的旅游活动”（WTO，1985）③。

---

① Ritchie，JRB. and Zins，M. Culture as determinant of the attractiveness of a tourism region［J］. Annals of Tourism Research，1978，15（2）：252－267.

② 罗伯特·麦金托什，夏希肯特·格波特．旅游学——要素、实践、基本原理［M］．蒲红等译．上海：上海文艺出版社，1985.

③ World Tourism Organization（WTO）. The State's Role in Protecting and Promoting Culture as a Factor of Tourism Development and the Proper Use and Exploitation of the National Cultural Heritage of Sites and Monuments for Tourism，1985.

从地域范围以及活动动机来说，文化旅游是目的地以外人士的一种访问活动，这种活动的全部或部分动机是处于对当地历史、历史、科学或者社区、地区、体制或制度提供的遗产以及生活方式的兴趣；这种动机按程度一次分为突发的、附属的、部分的、强烈的（Silberberg，1995）[①]。1991 年，欧洲旅游与休闲教育协会（ATLAS）提出了文化旅游的概念性定义和技术性定义。概念性定义是指人们离开他们的日常居住地，为获得新的信息与体验来满足他们文化需求而趋向文化景观的移动；技术性定义则指人们离开他们的常住地，到文化吸引物所在地，如遗产遗迹、艺术与文化表演、艺术与歌剧等的一切移动。

从根本上看，文化旅游因其所依赖的资源及利用这些资源的旅游者都几乎不可能绝对地限定范围，因此文化旅游的边界模糊不清。瑞森格尔（Reisinger，1994）认为，文化旅游是指那些对体验文化经历有特殊兴趣的游客发生的旅游行为，文化旅游除了一般的遗产旅游外，还包括艺术、信仰、习俗等，例如民族宗教活动、风味小吃的品尝以及地方音乐戏剧舞蹈等。同时，自然历史的旅游、了解旅游目的地和动植物的生态旅游、参加体育活动和观看体育赛事的体育旅游以及农业旅游等都在文化旅游之列[②]。斯特宾斯（Stebbins，1996）认为，如果说大众旅游是一种较为随意的休闲方式的话，那么文化旅游就是一种像高尔夫、冲浪、高山滑雪和深海潜水等专业的休闲方式，是需要一定的技能、学科知识和经验作为背景支撑的[③]。

---

① Ted Silberberg. Cultural Tourism as and business opportunities for museums and heritage sites [J]. Tourism Management，1995（16）：361 -365.

② Reisinger，Y. Tourist - Host Contact as a Part of Cultural Tourism. World Leisure and Recreation，36（1994），pp. 24 -28.（Summer）.

③ Robert A. Stebbins. Cultural Tourism as Serious Leisure [J]. Annals of Tourism Research，1996（23）：948 -950.

（二）国内学界的研究和定义

在国内学者对文化旅游的研究方面，魏小安（1987）较早在国内提出“文化旅游”概念，认为“对于旅游者来说，旅游活动是经济性很强的文化活动，但对于旅游经营者来说，旅游业是文化性很强的经济事业。强调旅游业的文化特点，正是为了使以经济目标为主的综合性目标得以更顺利的实现”，并且指出中国的文化旅游活动具体体现在制度文化、传统文化、民族文化、民间文化四个方面。[①] 马波（1999）认为文化旅游是一种旅游类型。[②] 吴必虎（2001）对文化旅游概念的理解是：所有的旅游活动都可视为文化旅游范畴，文化旅游产品可以分成一般文化旅游、遗产旅游、博物馆、美术馆旅游、艺术欣赏旅游、民俗旅游与民族风情旅游、祭祖旅游、宗教旅游及文学旅游九大类别。[③] 朱桃杏、陆林（2005）认为，文化旅游有广义和狭义之分：广义的文化旅游是指在寻求和参与全新或更深文化体验基础上的一种特别兴趣旅游，与一般的旅游活动区别甚微；狭义的文化旅游是指人类记忆中一种正在消失的生活和生产方式场景或地方特色，表现形式如旧式的房子、自家的纺织物、马或者牛拉的车和犁、手工艺品。具体表现形式可分为遗迹遗址旅游、建筑设施旅游、人文风俗节庆旅游和特色商品旅游四大类型。[④]

总而言之，文化旅游既可以看作是一种旅游形式，也是旅游的重要内涵，是旅游活动的灵魂，在全球旅游市场中也扮演着越来越重要的角色。文化旅游不仅是旅游业的重要组成部分，同时

---

① 魏小安．旅游发展与管理［M］．北京：旅游教育出版社，1996.

② 马波．我国旅游文化研究的回顾与前瞻［J］．桂林旅游高等专科学校学报，1999（2）.

③ 吴必虎，蔡利平，等．美国大学中的旅游研究——旅游研究向名牌大学的渗透［J］．旅游学刊，2001（4）.

④ 朱桃杏，陆林．近10年文化旅游研究进展：*Tourism Management*，*Annals of Tourism Research* 和《旅游学刊》研究评述［J］．旅游学刊，2005（5）.

也是展示国家和地区文化形象的窗口，进行社会教育的平台，培育国家和民族文化认同的途径，应全面评估文化旅游的经济价值、社会价值、文化价值和环境价值。本书在后续的论述中，从文化旅游类型的角度，将文化遗产旅游、民俗文化旅游、主题公园旅游、乡村文化旅游、城市文化旅游、旅游文创产品、文化旅游演艺等几种文化旅游类型进行专门阐述。

二、全球文化旅游发展的主要政策实践

（一）欧盟文化旅游主要政策实践

欧洲具有灿烂的文明历史、多元的民族文化和丰富的文化遗产，一直以来是全球最重要的文化旅游目的地。旅游业对欧洲经济发展起着十分重要的作用，并且极大地推动了欧洲各国之间的经济文化交流，促进了欧洲文化的对外影响力，有利于维护欧洲的一体化以及文化多样性的保护。因此，欧盟以及欧洲各国对文化旅游的发展极为重视。

根据 2009 年发布的“欧盟旅游业竞争力研究报告”[①]，欧洲旅游业拥有约 180 万家企业，主要是中小企业，约占就业总数的 5.2%（约 970 万个就业岗位，其中年轻人所占比重很大）。旅游业在欧洲是继商业贸易和建筑业之后的第三大产业。同时，观察过去 10 年的趋势，旅游部门的就业增长几乎总是比其他经济部门更为明显。

① Study on the Competitiveness of the EU tourism industry, September 2009. http：//ec. europa. eu/enterprise/newsroom/cf/document. cfm？ action = display&doc_id = 5257& userservice_id = 1&request. id = 0.

根据2018年发布的“欧盟旅游业趋势报告”① 显示，欧盟长期以来是世界第一的旅游目的地，与其他产业相比，旅游业对GDP的贡献更大，占欧盟GDP的10%以上，并占就业总数的12%，为2 600万人创造了就业机会。与2016年相比，欧洲旅游业在2017年增长了8%，超出了全球增长水平。2017年，欧洲迎接了5.38亿国际游客，占世界总量的40%，这是欧洲旅游业连续第八年实现持续增长。

中国近年来也成长为欧洲最大的海外客源国之一，其中文化旅游是中国赴欧游客的首选。根据中国旅游研究院、华远国旅联合发布的《2018年上半年中欧旅游大数据报告》，最受中国游客欢迎的欧洲景点有：圣家族大教堂、卢浮宫、温莎城堡、冬宫、伦敦眼、埃菲尔铁塔、因特拉肯少女峰、凡尔赛宫、马德里王宫、梵蒂冈博物馆。艺术人文景点占绝大多数，欧洲独有的古典艺术、博物馆珍藏与特色建筑吸引了大量中国游客的目光②。

2010年，欧盟委员会提出打造“欧洲：世界第一旅游目的地”，并设计了一系列政策举措促进旅游业的发展。此外，为了促进文化旅游的发展，欧盟近年来还实施了“欧洲文化线都”“欧洲文化线路”“创意欧洲”等一系列推动文化旅游发展的政策举措。

“欧洲文化之都”（European Capital of Culture，ECoC）项目始于1985年欧洲委员会（Council of Europe）实施的“欧洲文化之城”（European City of Culture，ECoC），2005年该项目更名为“欧洲文化之都”。至2018年已经有58座城市获得了“欧洲文化之都（城）”称号。该项目旨在通过一系列文化活动的开展，促

① World Tourism Organization（2018），*European Union Tourism Trends*，UNWTO，Madrid. https：//doi. org/10. 18111/9789284419470.

② 引用自中国旅游研究院网站，http：//www. ctaweb. org/html/2018 – 9/2018 – 9 – 11 – 15 – 35 – 98532. html.

进欧洲城市复兴、文化品牌塑造和文化旅游发展。①

“欧洲文化线路”（Cultural Routes of the Council of Europe）由欧洲委员会于 1987 年正式发起并命名。欧洲文化线路是一个包含文化、教育、遗产和旅游的合作项目，旨在发展和推广基于历史和文化遗产的文化旅游主题线路，通过这个线路促进旅游业发展，推进跨国文化交流和欧洲共同的价值理念的塑造。

“创意欧洲”（Creative Europe）是欧盟委员会实施的 2014 ~ 2020 年的框架性战略计划，旨在促进欧洲文化和创意领域的整合与发展。“创意欧洲”的项目体系包括四个领域：文化、媒体、跨部门、欧盟奖项和活动，通过 14.6 亿欧元的预算，为欧洲的文化和创意领域打造一个统一的项目平台，对基于文化和创意的欧洲旅游业发展也产生了重要的促进作用。

1. 英国

英国是第一个提出“创意产业”概念并将其上升到国家战略层面的国家。古老的英国兼具深厚的历史文化沉淀和现代创新的活力，文化艺术的气息在城市中无处不在。而极其丰富的博物馆资源是英国文化产业发展领先的重要原因，也造就了英国发达的博物馆旅游。

从伦敦到爱丁堡，每座城市的博物馆都是火热的旅游打卡地。尤其是被誉为“博物馆之都”的伦敦，云集着大大小小的博物馆约 300 座，种类繁多、风格各异，有大型综合博物馆，也有小而精致的私人画廊、美术馆等。被列为世界上历史最悠久、规模最宏伟的博物馆之一的大英博物馆拥有上千万件来自世界各地的藏品，人类各个文明与历史的精粹聚集在此；“世界上最时髦的博物馆”——维多利亚与阿尔伯特博物馆（简称 V&A 博物馆），以走在世界前沿的艺术设计和海量美轮美奂的工艺品和典

① 钟晟．文化城市建设的理念与启示：基于“欧洲文化之都”的政策实践［J］．文化软实力研究，2018，3（3）：83 – 89.

藏珍宝而闻名。该馆除了平常的展品展出外，还会定期举办与现代生活紧密相连的主题临时展出，如时尚设计、电子游戏、自然生活等。博物馆活动创意百出、内容优质，做到将文物展品与现代理念的有机结合，吸引了大量的游客。

英国的国家级博物馆非常人性化。像大英博物馆和 V&A 这类久负盛名的大型博物馆都是免费开放（除了特展外），且有时候会延迟闭馆，为的是增加大众来博物馆接受教育的机会。为了加强大众更好的参观体验，有些珍贵的文物甚至不设玻璃罩、围栏，且允许拍照甚至触摸，以便参观者能近距离感受历史。馆内还提供针对特殊人群的服务，包括盲文说明牌、听筒、手语导游等。博物馆开放的理念就是希望社会上的各个群体都能够得到文化艺术的陶冶，把参观者的体验作为核心定位。正是因为英国博物馆优质的体验和服务，每天都会有大量世界各地的游客慕名而来。

2. 法国

法国是艺术和时尚的代名词，百年传承的时尚使得这里的人不管老小都生活得优雅而精致。作为世界五大时尚之都的巴黎是众多国际一流时尚品牌的诞生地和设计名流之城，也是世界上最早举办时装周的城市。可以说，法国是一个全民时尚的地方，街头四处充满着时尚元素。同时，政府也给予法国时尚产业大力支持，甚至连卢浮宫卡鲁塞勒大厅和杜乐丽花园都被开放作为官方的时尚秀场。自 20 世纪初法国时装协会成立以来，巴黎时装周就成为每年万众瞩目的盛事。

法国的时尚行业是游客前往法国旅游的主要吸引源。对于时尚爱好者来说，法国就是聚集极致时尚元素的天堂。许多人的法国之行就是专程参加巴黎时装周，以及购买最新一季的时装等奢侈品。法国时尚行业的国际影响巨大，为时尚体验而来的游客数不胜数，因此法国的旅游业衍生出了时尚旅游。当地的旅游公司打造了许多时尚主题的中高端旅游路线，游客可以通过参加时尚主题旅行团，在深度体验时尚理念的同时还能与设计师互动。时尚旅游的内容丰富且新颖，由全球最大的短租民宿平台——爱彼迎推出的都市漫步活动能使游客完全融入当地的环境去体会法国时尚历史和文化，还为游客提供私人造型定制和指导。游客还可以参观巴黎时尚概念店，并在店内购买时尚设计师的产品。

3. 德国

德国的工业遗产旅游资源丰富，其工业文化历史悠久，形成了独特的后工业文化景观以及丰富多样的更新改造模式，这与其背后的政策、法规以及管理方式等密切相关。德国对城市历史遗产实施法律保护有着悠久的历史。早在 1780 年，黑森 - 卡塞尔就颁布了《维护邦国内现有纪念物和古文物》的规定。

从 20 世纪 10 年代开始，专家们大部分都致力于对具有时代代表性的工业建筑的保护。如今被保存位于科布伦茨（Koblenz）的塞内铸造厂，建造于 1828 ~ 1830 年，是德国队工业遗产特别是大型工厂建筑最先保护的例子之一。自 1926 年这个铸造工厂不再使用后，由于长久失修，面临着坍塌的危险。文物保护专家保罗克莱曼积极争取对这个建筑工厂的保护，因为整个工厂是由生铁打造的建筑材料建造而成，这是当时建筑以及建筑工艺中具有代表性的作品。在这之后，将旧厂房改造为露天博物馆几乎存在于德国的每个旧工业区。工业遗产旅游大大拉动了当地经济的发展，为鲁尔区创造了一万多个就业机会。

德国的城市历史遗产保护和维护有较充裕的资金保障，既有各级政府及职能部门专项资金，也有私人筹措和企业捐助资金。仅 1991 ~ 2006 年，东部各州获得的城市建筑促进资金就超过 200 亿欧元。在管理方面，拥有“文化主权”的各州设有专门的纪念物局或纪念物维护局，负责历史遗产等的保护和维护问题。城市和城镇则有自己的文化委员会。联邦政府没有统一的中央管理部门，而只有少数特殊文化遗产管理机构，如普鲁士文化财产基金会等。各级政府和职能部门都成立有专门的专家小组进行咨询。

4. 意大利

意大利自古以来都是欧洲文明的中心。首都罗马是举世闻名的历史文化古城，孕育了欧洲历史上叱咤风云的古罗马帝国；14世纪时的佛罗伦萨是西方思想启蒙的摇篮——文艺复兴的起源地，600年来见证了数不胜数的文化艺术杰作。正是因为经历了种种历史沉淀的洗礼，意大利成为当今拥有世界遗产数量最多的国家，其中文化遗产共计49项。

人们能在意大利看到古罗马时代、文艺复兴、工业时代各个时期的文化遗产，遗产区范围广大。可以说，整个意大利就是一个活生生的文史博物馆，每一处都是著名的旅游景点：罗马历史中心的罗马教廷建筑、古罗马广场、罗马斗兽场等古代建筑体现了罗马时代的宏伟；比萨大教堂广场坐落着世界地标性建筑比萨斜塔；佛罗伦萨作为文艺复兴的象征，集合了米开朗琪罗、乔托等大师的杰作，还是博学家达·芬奇的故乡；托斯卡纳的美第奇别墅和花园是欧洲名门望族美第奇家族的乡村宫殿，该家族的巨大影响力对文艺复兴运动起到关键性的推动作用，因为文艺复兴时期很多出自大师之手的作品、画像都是为美第奇家族创作和收藏；威尼斯水城遗产区更是一座超凡的建筑作品，具有美不胜收的景色，威尼斯叹息桥是爱情永恒的象征；工业城市伊夫雷亚体现出工业化所带来的现代活力。

（二）日本文化旅游主要政策实践

日本是世界上旅游产业较为发达的国家之一，拥有独特的火山、温泉、樱花、海洋等自然旅游资源以及神社、古都、寺院等文化旅游资源，因其精致优美、整洁干净的整体旅游环境与具有浓厚本土气息的风俗人情，日本在亚洲乃至世界旅游市场中占据着重要地位。根据世界经济论坛发布的《2017年旅游业竞争力报告》，日本2017年旅游产业收入达到130.8亿美元，旅游产业GDP占比为2.6%，在全球范围内位列第四，仅次于美国、中国、德国。在各国各地区旅游竞争力指数排行榜中，日本同样位列第四，展现出极高的旅游竞争力[①]。

旅游产业对日本的发展有着重要意义。一方面，旅游产业的不断发展刺激了消费者对饮食、住宿、服务业的需求和消费，也创造了不可小觑的就业效果，拉动了经济的增长。据日本观光厅发布的《日本观光白皮书》显示，2015 年全年日本旅游产业创造的附加价值为 25.8 万亿日元，占 2015 年日本 GDP 的 4.9%，生产波及效果为 52.1 万亿日元，占日本总产出额的 5.2%，创造的就业效果达 440 万人，占就业总人数的 6.7%[②]。另一方面，旅游产业同时具备文化承载的功能，日本料理、日式建筑、和服、剑道、樱花、温泉等具有浓厚本土文化气息的旅游资源的利用传播对日本国家形象起到了很好的塑造作用。日本在旅游业中表现出的高丰富度的旅游内容、高品质感的旅游体验、高本土性的文化延续，增加了外国游客对日本的了解与亲切感，提升了日本的国家形象。

而在中国庞大的出境旅游市场中，赴日旅游长期受到中国旅游消费者的青睐，日本在历次中国人气出境游目的地榜中一直稳居前三。根据日本政府于 2018 年 1 月 12 日公布的数据，2017 年访日的外国游客数量达到 2 869 万人次，比 2016 年增长了 19.3%，其中，大陆访日游客同比增加 15.4%，达 735.58 万人次，连续四年成为日本的最大客源国。[③] 根据中国旅游研究院发布的《2018 中日韩旅游大数据报告》显示，最受中国游客欢迎的日本景点有清水寺、伏见稻荷大社、浅草寺、梅田蓝天大厦、大阪城公园、东京迪士尼乐园、岚山、东京塔、银

---

① 引自《2017 年旅游业竞争力报告》The Travel & Tourism Competitiveness Report 2017，http：//reports. weforum. org/travel-and-tourism-competitiveness-report－2017/?code = wr113.

② 引自《日本观光白皮书》（Japan Tourism Agency White Paper on Tourism 2016，http：//www. mlit. go. jp/kankocho/en/siryou/whitepaper. html.

③ https：//www. chinatimes. com/cn/realtimenews/20180113003339－260415? chdtv.

座、上野公园。[①] 日本的现代都市商圈、传统佛寺神社展现出日本传统与现代杂糅的独特文化魅力是日本旅游产业不断发展的内核动力。

日本将“观光立国”和“文化立国”战略渗透进旅游产业发展的方方面面，利用文化旅游资源，输出了无数别具特色的日本文化符号，成就了日本文化输出大国的地位。在文化旅游领域，以祇园祭、弥生祭、各县花火大会为代表的传统节庆活动，以日本传统茶道、花道、歌舞伎表演为代表的艺术文化体验活动，以及在日本得到充分发展的饮食文化、动漫文化均成为吸引入境游客的重要文化旅游资源。

日本在发展文化旅游业的过程中，政府引导作用较强，形成了政府主导型的旅游业发展模式。日本政府自 1945 年开始重振国民经济之时起，就将旅游业定位为发展外汇经济的重要产业，制定了一系列的旅游法律保障旅游业的健康发展，如《旅游业法》《娱乐场所法》《国际文化旅游城市建设法》等。在 1963 年，日本政府出台了《旅游基本法》，确定了日本发展旅游产业的宗旨，在旅游设施配备、旅游业经营管理等各个方面做出了详细的规定。20 世纪 90 年代，日本政府进一步提出“观光立国”战略，设置观光厅，将旅游业的发展上升到国家战略的层面，并把其与日本经济的复苏发展紧密结合，出台一系列政策积极发展入境旅游。

除了出台一系列法律法规与政策，形成完备的旅游业法律保障体系之外，日本政府还通过以下措施推进旅游业的发展：首先是积极开发旅游资源，在日本旅游业的稳定发展阶段，日本政府在全国开发建设国立公园、国定公园、海上公园，积极申报世界遗产，提升国家旅游形象；其次是加强旅游基础设施的建设，积

---

① 引自中国旅游研究院网站，http：//www. ctaweb. org/html/2018 - 10/2018 - 10 - 29 - 16 - 8 - 12694. html.

极扶持旅游企业，发展旅游接待服务业，传统与现代相结合的住宿业、分工明确的旅行社业、完善的交通服务设施使得日本旅游业更具优势；最后是积极开展国际旅游合作，签订《扩大日韩观光合作交流共同宣言》《日俄两国政府就旅游领域加强合作的计划》《青岛宣言》，与周边国家达成大量旅游项目上的合作，进一步与澳大利亚与欧美各国开展旅游交流合作，开拓国际旅游市场。

（三）韩国文化旅游主要政策实践

韩国是一个极具特色的旅游目的地国。韩国本身具有比较丰富的旅游资源，既有北汉山国家公园、月尾岛、彩石江等美丽的自然景观，也有龙宫寺、京畿道民俗文化村、济州岛泰迪熊博物馆等具有韩国风情的人文景观。韩国的宗庙祭礼、济州岛海女文化、跆根、韩国泡菜等被列为世界非物质文化遗产。韩国虽然不是一个旅游大国，但是其文化旅游业发展取得了不错的成果。世界经济论坛公布的《2008 观光旅游竞争力报告》显示，韩国在 130 个国家地区排名中，观光旅游业综合竞争力居 31 位。根据韩国观光公社发布的数据显示，2017 年，韩国旅游收入达 133. 237 亿美元，入境旅游人次为 1 333. 5758 万人次①。中国是韩国的第一大客源国，《中国游客中国名片，消费升级品质旅游——2017 年中国出境旅游大数据报告》显示：2017 年，中国旅客赴韩国旅游人次为 417 万，仅次于泰国和日本。最受中国旅客欢迎的旅游目的地国家中，韩国高居第 9 位②。

实际上，最让韩国文化旅游业独树一帜的就是“韩流效应”。“韩流”文化是带动这个国家旅游业的主要驱动力。韩国

① http：//www. 199it. com/archives/692756. html.

② http：//k. sina. com. cn/article_6432883595_17f6e038b001003x8l. html？from = travel.

是数字内容产业强国，影视业发达，且在亚洲市场扩张方面成效卓著。以韩剧为代表的“韩流”文化被世界公认为韩国的 IP。韩剧对中国的影响是很大的，韩剧不但有浪漫清新的故事情节，养眼的演员阵容，更有景色优美、唯美氛围的取景地。许多著名韩剧中的取景地成为火爆的旅游景点。比如韩剧经典《蓝色生死恋》中男女主角漫步的花田和别离的海滩位于美丽的束草，韩国旅游公司为此打造了“去束草，寻爱情”的旅游专线，从而加深旅客的旅游体验。在韩剧《宫》《秘密花园》里出现过的外景地——济州岛成为许多观众心中的蜜月圣地。历史宫廷剧《大长今》曾创下韩国电视的最高收视率纪录，大长今主题公园的开放使当年前往韩国的游客总数增加了 15%①。因韩剧热而催生出的旅游路线大受欢迎。韩剧中的时尚元素，如女主角精致的服饰、雅致的妆容带动了韩国服装、化妆品、奢侈品等相关产业的繁荣，许多韩粉去韩国旅游的主要目的就是购物，比如追求宋慧乔、全智贤同款的口红、耳环和包包。据统计，2013 年，中国旅客仅在韩国免税店的消费就为韩国旅游业带来了高达 1.97 亿韩元的收入。总之，韩剧对旅游业的推动作用无疑是巨大的。除了韩剧情结的旅游吸引力外，韩国艺人对文化旅游业也起到了重要的带动作用。比如有很多年轻人为在娱乐圈叱咤风云的超人气偶像天团东方神起而疯狂，许多粉丝千里迢迢来到韩国就是为了追寻偶像的足迹，看偶像的演唱会，买偶像的专辑和周边，去偶像经常去的地方。

韩国旅游业的成功离不开政府主导型的文化产业发展模式。韩国是亚洲最早实行文化立国战略的国家之一，在 20 世纪末韩国政府就将大力发展文化产业与提升国家软实力作为国政方向，并颁布了《文化产业基本振兴法》《电影振兴法》《韩国观光公社法》等一系列法律，为文化产业的发展提供完善的法律保障。

---

① 白露．浅析韩剧对赴韩旅游的影响［J］．才智，2015（12）：258－259.

在韩国影视影响力广大的背景下，韩国政府善于利用“韩流效应”来推动旅游业的发展，韩国观光公社甚至设有专门的部门来推动“韩流旅游”，形成文化旅游品牌。一直以来，韩国致力于在全球化时代打造本国品牌，实现国家形象品牌化。2009 年，韩国政府成立了韩国国家品牌委员会，该委员会专门负责推动韩国国家文化，包括韩语、韩国特色食物、跆拳道等，还会引导中小企业在产品以及品牌文化中使用体现“韩国文化 DNA”的要素。韩国政府还出台了许多具体措施来提升旅游产业的品格、竞争力和国际地位，包括优化出入境手续、交通、基础设施、旅游住宿、购物和导游服务体系等观光基础。除此之外，政府还定期举办各种大型文化活动，比如祭祀庆典、音乐节、展览等，大大促进了当地旅游内容的丰富度。文化旅游业在韩国政府的推动下成为该国的战略性产业。

第二章

中国文化旅游传统与历史渊源

我国辽阔的地域环境、悠久的文明历史和多样的民族文化，是滋生文化旅游活动的丰沃土壤。在现代意义上的旅游业诞生之前，我国古代便产生了以帝王、士人和文人旅行为代表的文化旅游活动。近代以来，文化旅游拓展到了全球范围，并开始出现现代旅游业的雏形。新中国成立初期，旅游活动被纳入以政治接待为主的旅游事业体系。这些都是我国现代旅游业和文化旅游发展的文化传统和历史渊源。

一、中国古代文化旅游传统

在中国古代文化旅游传统中，最具代表性、对后世旅游文化影响最深刻的是帝王巡游、文人诗游和僧道云游等文化旅游/旅行形式。

（一）帝王巡游

中国人旅游活动的滥觞源于传说中的“三皇五帝”以及夏商周三代的帝王巡游。传说中中华民族的始祖皇帝是一位爱好巡游大好河山的人物，《史记》记载他“东至于海、登丸山，及岱宗；西至于空桐，登鸡头；南至于江，登熊、湘；北逐荤粥，合符釜山……迁徙往来无常处。”[①] 黄帝最喜欢的山包括“华山、首山、太室、泰山、东莱，此五山黄帝之所常游与神会。”[②] 黄帝的巡游开启了中国名山的文化价值赋值的过程。自此，中国的山岳不仅是自然事物，也成为具有丰富文化内涵和象征意义的文化载体，是历代帝王和文人墨客登临的胜地。西周时期的周穆王是另一位爱好巡游的早期古代帝王。《穆天子传》记载了周穆王四方巡游的传说故事，但神话色彩强烈，尤其是其西征昆仑山、见西王母的远行，对我国古代西北的历史、地理、文化研究有重要价值。

秦汉时期由于统一多民族国家的建立，秦始皇、汉武帝都进行了大规模的巡游活动，并开启了中国古代帝王巡游封禅的传统。秦始皇在公元前 221 年统一中国之后 10 年间（前 220 ~ 前 210 年），大规模出游 5 次，先后在峄山、泰山、琅琊台、芝罘、东观、碣石、会稽 7 处立巨石铭功颂德，最后崩于巡游途中。汉武帝喜巡游，爱射猎，祠山川，慕神仙，他在位 53 年，一共进行了各种形式的巡幸、封禅、游历达 30 多次，七登泰山，六出萧关，北抵崆峒，南达浔阳，许多名山大川都留下他的足迹[③]。

帝王的巡游与封禅深刻影响了我国旅游文化的形成，尤其是对山岳的崇拜和祭祀，造就了我国一大批的文化旅游名山。在帝王巡游与封禅过程中，把山岳神圣化，进而演化成为中华民族对山岳的神圣崇拜。例如《山海经》描述，“周穆王至昆仑之丘，游轩辕之宫，眺锺山之岭，勒石西王母之山，纪迹玄圃之上”。昆仑山是中国最早的神山，至今也是中国的象征。在《周礼》中开始出现国君对山岳的祭祀制度，《礼记・王制》记载：“天子祭天下名山大川，五岳视三公，四渎视诸侯。”汉代时五岳制

---

① 司马迁．史记（卷一）［M］．湖南：岳麓书社，2001：1.

②③ 马勇，余冬林，周霄．中国旅游文化史纲［M］．北京：中国旅游出版社，2008.

度形成，东汉郑玄对《周礼》的注释说：“五岳，东曰岱宗、南岳曰衡山、西岳曰华山、北岳曰恒山、中岳曰嵩山。”中国历代帝王都对五岳不断加封，被视为至高无上皇权的象征。如今，东岳泰山、中岳嵩山（“天地之中”历史建筑群）分别被列为世界自然与文化双遗产和世界文化遗产。中国众多的名山不仅是文化上的圣山，同时也是举世闻名的文化旅游目的地。

（二）文人诗游

中国是一个诗歌的国度，中华民族是一个诗性的民族。在中国文化旅游传统中，深深浸润了诗歌对中国人旅游体验、旅游景观、旅游审美的影响。中国古代士人、文人以文学才华，吟诗作词，创作游记，为山川名胜增添了大量文化积淀。屈原、王羲之、陶渊明、李白、杜甫、白居易、苏轼、欧阳修等历代诗人、文学家、艺术家足迹遍及中国山川胜地，吟咏诗文，造就了大量具有深厚文化内涵的风景名胜。

东晋山水田园诗人陶渊明在《桃花源诗并序》中，为世人描绘了一个“土地平旷，屋舍俨然，有良田美池桑麻之属；阡陌交通，鸡犬相闻”的理想境界，成为历代中国人心中的精神家园，对后世文化旅游景区的规划建设产生了深远影响。陶渊明的组诗《归园田居》则赞颂了田园生活的美好，是我国乡村文化旅游的精神源泉。东晋书法家王羲之在《兰亭集序》中，则描写一次经典的文化旅游活动：“永和九年，岁在癸丑，暮春之初，会于会稽山阴之兰亭，修禊事也”，文人们在暮春季节，纵情山水，吟咏诗文，感悟人生，成为古今中国文人向往的旅游生活方式。

唐代国家疆域空前辽阔，经济文化繁盛，诗人们以饱满的精神热情地讴歌祖国的壮丽山川，给我国多处地域留下了深刻的文化烙印。例如河西走廊地区的边塞诗，“大漠孤烟直，长河落日圆”成为西北大漠风光的千古绝唱；武汉黄鹤楼因为崔颢、李白等诗人的题诗而成为“万里江山第一楼”；重庆奉节白帝城因为李白、杜甫等诗人的吟咏而成为“诗城”；“浙东唐诗之路”则由一位位踏歌而行的诗人，留下 1 500 余首脍炙人口的名篇佳作，而成为一条唐代诗人往来频繁、对唐诗发展有着重大影响的文化旅游风景线。

北宋文学家欧阳修在其名篇《醉翁亭记》中记载了滁州市民随太守一同郊游的山水之乐情景：“负者歌于途，行者休于树，前者呼，后者应，伛偻提携，往来而不绝者，滁人游也”，说明在市民文化博兴的宋代，文化旅游活动已经从文人贵族扩展到了普通的市民阶层，郊游成为一种时兴的休闲生活方式。明末清初文人张岱《西湖七月半》则描绘了杭州人夜游西湖的盛况：“杭人游湖，巳出酉归，避月如仇。是夕好名，逐队争出，多犒门军酒钱，轿夫擎燎，列俟岸上。”可以看出在明末繁盛的商品经济时期，已经出现了现代意义上的城市夜游。

中国古代文人诗游对旅游文化和旅游景观产生了极其深远的影响。中国山水文化，自古以来便是中国文人墨客进行艺术创作的灵感源泉，在中国文学、诗歌、绘画宝库中占有极其重要的地位。孔子认为“仁者乐山，智者乐水”，成为中国人将山水比作道德和智慧的象征，喜好山水的文化渊源。清代文学家李渔说，“才情者，人心之山水；山水者，天地之才情”（《闲情偶寄》），山水环境与艺术才情相融相生。同时，以山水诗文和山水画的美学精神为指引，以审美、休闲、居住为主要目的，由天工和人工共同打造山水景观得到了迅速发展，可以说是全世界自然风景区的最早雏形。为了营造良好的游居环境和山林之乐，山水景观充分体现了中国“天人合一”的传统哲学思想，各类建筑物围绕建筑功能，因地而设、因景而建，与山石林木溪水相融并互为景观，共同构筑自然山水园林景观，“道法自然”“返璞归真”“虽由人作，宛自天开”思想在景观建筑与环境营造中得到了广泛运用。

（三）僧道云游

以道教、佛教为主体的宗教文化对我国文化旅游活动、体验和景观产生了十分广泛和深远的影响。在中国文化中，山岳远离尘世、地形幽深、风景优美，是最能够体现人与自然天地融为一体的超世脱俗之地，是道教、佛教最理想的修行场所，道观、寺庙也成了重要的文化景观和文化旅游目的地。道教、佛教为中国文化景观的形成和发展书写了浓墨重彩的一笔。

道教是中国本土宗教，以追求长生不死、得道成仙为主旨，将充满生机活力的山岳看作是最佳的修道场所，是理想的人间仙境。在道教产生之初的东汉时期，便出现有《五岳真形图》《洞玄灵宝五岳古本真形图》等书，确定某些地方为神仙居住的仙境。唐代司马承祯作《天宫地府图》，详细记载了道教的十大洞天、三十六小洞天以及七十二福地，大量中国名山成为道教修行的“洞天福地”。当代，武当山、青城山、龙虎山、齐云山、茅山、崂山等道教名山，发展成为著名的文化旅游目的地。

佛教作为从印度传入中国的宗教，在中国化的过程中，逐步发展成为深度融合中国传统文化的一种宗教文化。佛教修行者将幽深的山岳环境作为其寺庙选址的绝佳场所，佛寺殿宇多建于名山胜水间，故而有“天下名山僧占多”之说。尤其自佛教禅宗形成以来，山中的草木花鸟、行云流水都充满了禅机，禅宗“五家七宗”诸流派都形成于名山之中，山岳成为佛教僧侣的理想修行之处。融合优美的山岳景观和深厚的佛教文化底蕴，四大佛教名山——普陀山、峨眉山、五台山、九华山，是我国最重要的文化旅游目的地。

僧道云游以及文人寻僧访道的旅行活动也是古代文化旅游的重要组成部分，尤其是古代高僧求法和弘法的壮举，如唐代玄奘西行求法和鉴真东渡弘法，都堪称古代旅行史上的奇迹。文人寻僧访道则是典型的古代文化旅游活动，并且留下了大量具有灵性的诗文佳作，为我国旅游景观注入了丰富的文化内涵和优美的审美意象。如唐代诗人常建《题破山寺后禅院》：“清晨入古寺，初日照高林。曲径通幽处，禅房花木深。山光悦鸟性，潭影空人心。万籁此都寂，但余钟磬音。”是描述具有禅意的寺庙文化旅游体验的经典。

二、中国近代旅游业的萌芽

1840 年鸦片战争爆发，我国被迫向西方世界敞开国门，西方商品、技术、生活方式、制度和思想的引入，开始了我国的近代化历程。在这个过程中，由于国门的开放、思想意识的转变、技术的进步，中国近代的旅游活动不管是从方式、规模、范围，还是其影响都呈现出与古代的旅行活动截然不同的面貌。中国近代意义上的旅游业开始形成雏形。

（一）中国进步者的“境内外旅游”

1840 年鸦片战争之后，中国被迫对外开放，战争的失败、国权的沦丧刺激了一批进步人士通过官派或自发的方式走出国界，涉足东西洋，汲取国外的先进技术。一方面是清政府向外派遣外交旅行团体，1866 年，清政府派遣斌椿等人作为第一批赴西游历考察人员前往欧洲，斌椿及其学生一路游历，著述有《乘搓笔记》《航海述奇》等，对欧洲的文化与建筑进行了详细的记载。另一方面是学者走出国门游历世界，1867 年，晚清政论家王韬前往欧洲，先后游历马赛、巴黎、伦敦、爱丁堡等地，浏览西方资本主义城市风光，观摩当地文化教育设施，参观西方近代工业化工厂，撰写了《漫游随录》等著作。通过在西方的游历，王韬对华夷之辨有了新的认识，也促进了民间中西方文化的交流。

19 世纪 70 年代，由于洋务运动的产生与发展，清政府的开放意识增强，派遣外交使团与公费留学生的规模增大，同时清政府也开始派遣工商代表团与专业技术考察团旅行国外。1876 年，郭嵩焘作为外交使臣出使英法，关注欧洲的政治、经济、文化状况，对中西政治、哲学观念等进行了深入的比较研究，编撰了《使西纪程》，对西方先进的科学民主观念进行了传播。在日本明治维新之后，清政府也开始派遣官员与留学生前往日本进行学习。1877 年，黄遵宪被派遣至日本任驻日公使馆参赞，通过在日的深入观察与研究，他撰写了《日本国志》，对日本的近代化进行了深刻的分析，对中国的知识界起到了启蒙作用。

19 世纪末 20 世纪初，维新变法失败后，改良派与革命派流亡海外，但仍然关注国内情势，积极探求救国真理。政治流亡者这一特殊旅游群体开始出现在近代中国旅游文化史上，代表人物有康有为、梁启超、孙中山等。1898 年，康有为在戊戌变法失败后逃亡至日本，又前往加拿大、美国、新加坡、印度等地，后又赴欧洲游历瑞士、法国、德国等十一国，最后移居日本须磨，流亡海外长达 16 年之久。在这个过程中，他考察各国政治经济情况，以寻求救国之方为己任，编纂了《大同书》《欧洲十一国游记》《共和政体论》等著作。与之齐名的梁启超也在变法失败后，流亡海外，游历各国，撰写了《新大陆游记》《欧游心影录》等著作，宣传资本主义制度对于封建专制制度的巨大优越性。孙中山在 1895 年广州起义失败后，也逃亡至日本等地，以日本为中心开展革命活动，并进行“环绕地球之旅”，考察各国民情，宣传民主革命。他们的“出境旅游”承担着救国救民之重任，有着不可替代的历史作用。

除此之外，在近代中国面临内忧外患、山河破碎的局面之下，国内也有大量的有志知识分子走上游历国内山河，考察天下形势的道路。代表人物有龚自珍、魏源、谭嗣同等人。龚自珍在京为官十年而无法发挥才学，于 1819 年辞去礼部主事之职，出都返乡。在这一过程中，他行遍中国南北，为改变社会现实提出了一系列的方案。魏源在求学、为官过程中，畅游国内名山大川，游历中国西南、东南、华北等地区，对这些地区地理环境和风土物产进行深入了解，针对各地的内政、水利等诸多问题论述己见。建立在游历全国的基础上编纂的《海国图志》提出“师夷长技以制夷”思想，具有划时代的意义。谭嗣同少年即游历于家乡与其父任所之间，来往于新疆、甘肃、湖北、江苏各省，饱览河山的同时也看到民众疾苦，为其维新思想的形成与参加变法运动奠定了深厚的基础。中国仁人志士的神州壮游，不仅充分体现了他们的赤胆忠心，也对推进中国近代化进程产生了重要影响。

（二）外国人的“入境旅游”

鸦片战争以后，随着 1842 年中英《南京条约》的签订，我国开放广州、上海、福州、厦门、宁波为通商口岸，英国人可以在通商口岸进行自由贸易。紧接着清政府与美国、法国签订了《望厦条约》《黄埔条约》等不平等条约补充规定，可以直接进入中国的西方侵略者规模扩大了。第一批不平等条约的签订，便利了外国人以“合法”身份进入中国的沿海开放的通商口岸从事包括游览等各项活动，开启了外国人来中国旅游通商的“入境旅游”。在该阶段，清政府虽允许外国人在通商口岸的活动，但是依然限制外国人进入内地旅游，“广州等五港口英商或常川居住，或不时往来，均不可到乡间任意游行，更不可远入内地贸易。”① 同时，外国人前来也往往出于商业活动的目的，旅游处于从属地位。

而 1858 年《天津条约》、1860 年《北京条约》的签订，规定外国人可以持照前往中国内地各处游历、通商，外国商船可在

① 1843 年中英《虎门条约》第六款规定。

长江各口岸自由航行，为外国旅行者提供了便利的交通条件，外国人在中国整个境内的游览活动均无较大的障碍。较大范围的开放使得外国人的“入境旅游”规模增大、目的发生改变，传教士的宗教旅行在“入境旅游”中占据了主导地位。来华传教士人数众多，19 世纪末达到 3 300 人；活动范围广，遍及沿海与内陆地区，甚至深至西北地区；且在中国进行游览的过程中对中国的文化、经济、政治深入了解并编纂游记，例如，英国传教士麦高温编写了《中华帝国史》《华南写实》等，在客观上促进了中西方的文化交流。

到 1901 年，《辛丑条约》的签订标志着清政府完全沦为洋人的朝廷，对外依赖程度加深导致对外国人的“入境旅游”限制越来越宽松，甚至刻意加以保护。在中国历史文化通过著述大范围传播、中国水陆交通业不断完善的基础上，外国人对前往中国进行观光、游览的兴趣越来越大，以娱乐为目的的“入境旅游”人数激增。正因如此，英国通济隆旅行社和美国运通公司进入中国，开始经营中国的入境旅游接待业务，成为中国近代旅游业的萌芽。

（三）中国旅行社的诞生与发展

虽然我国古代的旅行和旅游有着悠久的历史，但是作为经济性产业的旅游业，20 世纪 20 年代在我国才真正诞生。当时中国国内、国际旅游市场规模不断扩大，外出旅行的消费者对提供旅游便利与服务的专门机构的需求越来越大。上海商业储蓄银行总经济师陈光甫于 1927 年正式成立中国旅行社，标志着我国现代旅游业的诞生。

陈光甫作为一名民族资本家，经常前往欧美各国进行商务活动，对西方国家的旅游服务业有一定的认识和了解，也意识到旅游业对当地经济和市民生活的重要作用。他同时也认识到中国国内寥寥几家外国旅行机构并不能满足国内旅客的需求，并受到国外银行、百货商店开设旅游部的启发，决定取法西方，经营国内旅行事业。陈光甫于1923年8月建立了国人自办的首家旅行服务机构——上海商业储蓄银行旅行部，主要负责旅游咨询、代售客票等业务，并在5年间于上海银行的11家外埠分行加设旅行部分部，并与23家中外航运公司建立业务联系，形成全国旅行服务网络的雏形，负责业务规模逐步扩大，主要包括交通客票和旅店床位的预定代售、国内国际旅行团体的组织、游览事宜的咨询、旅行支票的发行、旅行刊物的出版等。

1927年，陈光甫为谋求旅行部自身的更大发展，使旅行社与银行分立，正式改名为中国旅行社，获得了国民政府颁发的第一号旅行业执照，标志着我国现代旅游业的正式诞生。中国旅行社下设七部一处，包括运输部、车务部、船务部、出版部、会计部、出纳部、稽核部、文书处，另有特约员招揽广告事务。在1927~1937年，中国旅行社不断发展，在人口密集之地、风景名胜区和交通枢纽之处陆续增设了分社、支社和办事处：在粤汉铁路、津浦铁路、陇海铁路、浙赣铁路沿线地区，长江沿岸、通商口岸以及南洋地区，北京、天津、香港、南京等大型城市地区均设有中国旅行社分社、支社和办事处。据统计，到1937年8月中国旅行社共有分支机构66处，基本上构成了民国时期体系较完善、地区分布较合理的国内外旅游服务网络①。

中国旅行社的经营业务涉及消费者旅行的方方面面。第一是代售客票业务，承诺“凡国内远东乃至全世界之海陆空旅行，本社受有中外铁路轮船航空公司及国外旅行社之正式委托，均可代收客票或调换券，而不取任何手续费用。”第二是游览观光业务，中国旅行社积极开辟旅行专线，组织团体旅行，训练导游团体，在国内开辟富春江览胜等旅行专线，在国外组织赴日观樱游览团等团体旅行项目。第三是旅游宣传业务，定期设计出版旅游宣传

---

① 程卫红．民国时期的旅游业研究［D］．山东师范大学，2003.

刊物《旅行杂志》《旅行遍览》以扩大国内影响，发行招待游华专信与宣传册以加强国外宣传。第四是在青岛、徐州、开封、南京等地设立招待所，以解决游客的食宿问题。第五是配合游览业务开发景区，吸引更多的游客，例如修建纪念戚继光的华亭、承办管理华清池风景区等。第六是国外业务的经营，与国际旅游公司如英国通济隆旅行社建立合作协议，扩大服务范围与规模。在1927～1937年，中国旅行社规模不断扩大，业务范围越来越广，并开始进入世界人民的眼光中，成为当时中国及世界闻名的大型旅行社之一。

（四）近代交通业与酒店业的发展

20世纪初，除了国内旅行服务机构的诞生外，我国旅游业的发展还体现在交通业、旅馆业等相关产业的发展。

在交通业领域，首先，铁路作为新型交通工具得到快速发展，于20世纪初期初步奠定了中国近代铁路的基本布局。由詹天佑负责设计和施工的京张铁路、沙俄修建的中东铁路、日本修建的南满铁路、德国修建的胶济铁路等相继建成通车，形成了初具规模的铁路交通网，火车成为中国人国内旅行的重要交通工具。其次，在公路交通的建设上，国民政府积极规划修建市际、省际公路，包括京杭、京沪、京芜、杭徽、苏嘉等公路，后又扩充至赣、鄂、湘、豫、陕、甘等省，总计四万多公里，电车、汽车等交通工具出现在北京、上海等大型城市，为旅游出行提供了极大的便利。再次，民国时期水运交通不断发展，上海到汉口、汉口到四川等线客轮开通，轮船成为广泛使用的水上交通工具。最后，近代中国的航空客运也于1928年开始发展，至1937年已开辟沪蓉、沪粤、渝昆、沪满、沪迪、沪库等国内航线和广州到河内等国际航线，初步形成了覆盖大半个中国的航空网络。民航业迅速发展，客运量最多时达到一年27 973人次。但是飞机由于票价昂贵，并未成为大众化的交通工具。

在酒店业领域，20 世纪 20 年代的中国出现了老式客栈与新式旅馆并存以及旅馆业中国民族资本与外国资本竞争的局面。新式旅馆、交通旅馆、公寓构成了这一时期中国酒店业的基础，很大程度地改善了中国旅游住宿设施的条件和接待能力，对中国近代旅游产业的发展产生了重要的影响。首先，外国侵略者进入中国后，按照西方旅馆的标准建造并经营了大量西式旅店，包括德华饭店、维多利亚饭店等，这一类西式旅馆规模宏大、经营方式先进，客观上对当时中国旅馆业的发展起到了示范作用。其次，中国民族资本也向旅馆业投资并新建了大量中西式风格的新式旅馆，包括北京中央饭店、上海大中华饭店等。这类新式旅馆既有西方旅馆的经营特征，也继承了中国旅馆的建筑风格，使中国传统旅馆业摆脱了固有的模式。除此之外，随着铁路交通的繁荣，大量交通旅馆得到兴建，数量达到 1 057 家，这一类旅馆大多保留传统客栈的经营方式，规模适中，价格亲民，在当时国民旅行活动中起到了重要的作用。最后，民国时期公寓住宿设施在大城市获得迅速发展，多接待居住较长时间的旅客，对当时的旅游业发展起到了一定的辅助作用。

三、新中国成立初期旅游事业的发展

新中国成立以后到 20 世纪 70 年代，我国还没有真正现代意义上的旅游业，旅游业作为中国外交事业的延伸和补充，承担的是民间外事接待的功能，履行旅游外交的职能，不具备现代产业的特征。

新中国旅游业的诞生是以“华侨服务社”和“中国国际旅行社”这两个旅游机构的建立为标志。这一阶段建立了中国第一家旅行社，完成了中国旅行社行业三大社中的两大社——“华侨服务社”（中国旅行社的前身）即“中旅”和中国国际旅行社即

“国旅”的组建。1949 年 11 月，成立了厦门华侨服务社，这是新中国第一家旅行社，即现在“中国旅行社总社”的前身，主要是为华侨回国探亲、访友、参观、旅游提供服务。20 世纪 50 年代初，我国对外交流刚刚起步。1950 年，“夏令营”曾经风靡一时，甚至到莫斯科郊外去夏令营。

由于实行“一边倒”的外交政策，国际事务主要是与苏联、东欧及亚太地区的一些社会主义国家交往，带有浓厚的政治色彩，目的是增进友谊，扩大新中国的国际影响力。在新中国成立之时，我国就十分重视旅游事业的发展，有关方面邀请陈秋草作为《旅行杂志》的特约记者参加了开国大典，报道当时的盛况。当月的《旅行杂志》刊登了肖雯的游记《今日北京》，介绍了当时北京的旅游景点、接待饭店及交通费、参观券、餐费等情况[①]。

随着新中国的国际地位日益提高，出入境旅游业也随之发展起来。1951 年 8 月，中国青年代表团出席在民主德国首都柏林举行的第三届世界青年联欢节，这是中国与国外民间交往的开始[②]。1952 年 10 月，“亚洲及太平洋区域和平会议”在北京召开，这是新中国成立后在我国举行的第一次大型国际会议，出席会议的有 37 个国家 367 位代表。这次会议在国际上产生了深远影响。此后，来我国的外宾日益增多。

为了应对严肃的政治接待任务，在周恩来总理的倡议下，1954 年 4 月 15 日，成立了中国国际旅行社北京总社及上海、杭州、南京、汉口、广州、沈阳、哈尔滨、安东、大连、满洲里、天津、凭祥、南昌 13 个城市的分社和支社。此后，中国相继与朝鲜、波兰、匈牙利等国签订了《相互委托发售国际铁路客运联乘车票据合同》，开始接待苏联和东欧各国的自费旅游者。20 世

---

① 何季民．东方红太阳升：最精彩的开国老书刊［M］．北京：中共党史出版社，2009：188－191.

② 中华人民共和国大典编委会．中华人民共和国大典［M］．北京：中国经济出版社，1994：158.

纪50年代后期，来华自费旅游者人数逐渐增多，主要是苏联和东欧客人，也包括西方资本主义国家和第三世界国家的游客。据不完全统计，1956～1958年中国国际旅行社共接待社会主义国家自费旅行者3 903人，其中苏联3 703人。[①] 1957年4月由各地华侨旅行社组建的华侨旅行服务社总社在北京成立，这些华侨旅行社专门负责接待海外华侨、外籍华人、港澳及台湾同胞等，隶属于政府的侨务系统，1974年华侨旅行服务社总社更名为中国旅行社总社。

由于外交接待的需要，1964年3月中共中央批转中央外事小组《关于开展我国旅游事业的请示报告》。国务院为加强对我国旅游事业的管理和领导，于1964年12月在国旅总社的基础上设立了中国旅行游览事业管理局（国家旅游局的前身）作为国务院的直属机构，与国旅总社两块牌子一套班子。其主要任务是制定旅游业发展规划和年度计划并进行统筹安排；负责对外国自费旅游者的管理工作，领导各地区的国际旅行社和直属服务机构的业务；组织我国公民出国旅行；负责有关旅游对外联络和宣传工作等。同时，国务院明确了发展旅游事业的方针政策是“扩大对外政治影响”“为国家吸取自由外汇”。

1965年1月，中共中央、国务院对中国旅游事业管理局党组《关于第一次旅游工作会议的报告》的批示。当年，我国接待了12 877名外国旅游者，创造了10年来的最高纪录。但由于国际上的“冷战”和国内的“文革”，使刚刚有些起色的国际旅游业从高峰跌入低谷，特别是“文革”时期，外国游客几乎断绝，接待量每年只有300～400人。

1971年2月2日毛主席对中国旅游事业管理局的1971年接待计划做出“人数可略增加”的批示。同年3月周恩来总理亲自

① 范铁权，王素君. 旅行、政治与外交：新中国成立初期的出国旅行（1956—1965）[J]. 河北学刊，2018，38（2）：78－84.

部署召开全国旅游工作会议，提出旅游工作的方针是“宣传自己，了解别人”，并指示在经济上旅游事业的收入应略有盈余。这次会议后，中国的旅游业才开始有了转机。1972 年中日建交及美国总统尼克松访华等国际关系方面的重大进展，为我国旅游业的发展提供了有利的国际环境，美、日游客来华数量逐渐增多。由于形势的需要，1972 年中国华侨旅行服务社总社恢复，并于 1974 年定名为中国旅行社总社。① 1973 年，国务院批准桂林成为对外开放旅游城市。

这一时期国内旅游活动有所发展，主要表现为：工会、青联、妇联、政协等团体开始组织各条战线上的劳动模范、先进工作者去风景名胜地疗养旅游；工人、干部和学生利用节假日外出探亲观光慢慢增多；全国各行各业到先进单位参观学习的次数增多、规模扩大。如从 1964 年开始的工业学大庆和农业学大寨活动，是“文革”时期国内旅游活动的典型代表。在大寨的历史上，有 40 多位副总理以上的领导人和 40 多位解放军高级将领到访。此外，有 16 位国家元首在内的 134 个国家和地区的 2 万多名外宾参观访问。据统计，从 1964 年毛泽东号召“农业学大寨”开始到“文革”结束，有 960 万人到这个小村子考察学习。另外，1977 年 4 月 20 日，大庆召开了全国工业学大庆会议，有来自全国各地的 7 000 多名代表参加②。

从中华人民共和国成立到改革开放之前的 29 年间，中国旅游的主要职能就是服务于国家外交和外事战略。虽然中国国际旅行社接待境外自费旅游者的经济活动一直存在，但总体来看，政治导向依然是当时旅游业的主旋律。在 1964 年中国旅行游览事业管理局成立之初，虽然确定了为国家吸收自由外汇的任务，但是国家发展旅游事业的方针主要还是“宣传中国社会主义建设成

① 转引自李肇荣，曹华盛．旅游学概论［M］．北京：清华大学出版社，2006：35.

② 宋连生．工业学大庆始末［M］．武汉：湖北人民出版社，2005：268.

就，扩大对外政治影响，增进中国人民同世界各国人民的相互了解和友谊”。在 1965 年中共中央、国务院对中国旅行游览事业管理局《关于第一次旅游工作会议的报告》工作方针的指示依然是“政治挂帅，稳步前进，逐步发展”。从 1949 年至 1977 年，全国入境游客接待量合计不到 70 万人次。同期，世界旅游业经历了加速发展的黄金时期，全球国际旅游输入在 30 年间增长了近 33 倍。

第三章

改革开放以来文化旅游的发展成就

自 1978 年改革开放以来，我国旅游业的发展与经济增长同步，发展十分迅速并日趋成熟，取得了辉煌的成就。改革开放 40 年来，旅游业的发展经历了几个重要的阶段，分别为 1978～1991 年的探索期、1992～2012 年的成长期和 2013 年至今的繁荣期。几十年来，我国旅游业的管理体制和景区规划不断完善，经济导向日渐明显，产业定位逐渐清晰，产业结构不断升级，创新程度日益加深，旅游服务品质显著提升，旅游功能更加多样化，行业核心价值观不断优化，满足了我国大幅增长的旅游消费需求，丰富了人民的精神文化体验，促进了优秀传统文化的保护、传承、创新和转化，大大增强了我国的国际影响力，促进了中国文化在世界上的传播，提升了我国的文化软实力。

一、文化旅游的探索期（1978～1991 年）

1979 年邓小平发表“黄山谈话”，强调旅游业的经济导向，揭开了现代旅游业的发展序幕。在改革开放初期，我国经济建设刚刚起步，社会主义市场经济体制尚未成熟。旅游业作为市场化程度较高的产业，成为对外开放政策的直接突破口。在旅游业的探索期，国家将入境旅游作为发展重点并致力于扫除制度障碍，旨在依靠旅游开放增加外汇创收，从而提升我国的开放程度。这一时期的旅游业核心价值观是政府主导和市场拉动下的集体主义价值观。通过政府对体制改革的推动和对先进国家经验的借鉴，我国旅游业虽然处于起步和探索阶段，但在这短短的十几年间有了飞跃。在1978年，中国国际旅游接待人数（180万人）仅为世界的0.7%，居世界第41位，1978年中国国际旅游创汇（2.6亿美元）仅占全球的0.038%，居世界第47位[①]，中国旅游业基本上是一张白纸。而到了1991年，中国旅游业接待入境旅游人数达到3 334.98万人次，旅游创汇28.45亿美元，分别比1978年增长了18.4倍和10.8倍。[②]

在这一阶段，为了促进旅游业的事业属性转变为经济属性，国家出台了许多重要政策：1978年，中央成立旅游工作领导小组，中共中央批转《关于发展旅游事业的请示报告》，将原隶属于外交部的中国旅行游览事业管理局改为国务院直属，由服务于外交的行政管理机构转变为经济管理部门，从此，旅游业的政治导向开始减弱。

1981年，国务院第一次组织召开全国旅游工作会，明确指出旅游事业是国民经济的一个组成部分，并提出发展旅游事业“积极发展，量力而行，稳步前进”的方针，“统一领导，分散经营”的旅游体制管理原则，并决定使旅游总局与国旅总社分署办公。国务院成立旅游工作领导小组。同年10月10日，国务院发出《关于加强旅游工作的决定》。1984年，国务院批转国家旅游局《关于开创旅游工作新局面几个问题的报告》，提出加快旅游基础设施的建设要采取“国家、地方、部门、集体和个人一起

---

① 转引自“激荡七十年：文化和旅游发展的辉煌征程（下）”，https://www.sohu.com/a/347852477_808363? spm=smpc.author.fd-d.1.1571356800060XoZw5NO.

② 夏杰长，徐金海．中国旅游业改革开放40年：回顾与展望［J］．经济与管理研究，2018，39（6）：3-14.

上，自力更生和利用外资一起上”的方针和旅游行政部门简政放权等要求。1985年，国务院发布《旅行社管理暂行条例》，是我国旅游产业第一部行政法规。同年，国家将旅游业纳入“七五”计划，这是旅游业第一次在国家计划中出现。该计划确定了旅游业的产业地位，并将经济导向作为旅游业发展的基本定位。1986年，我国颁布《旅游涉外饭店星级的划分与评定》标准，标志着旅游业标准化工作的开始。在这一阶段我国的文化旅游项目开始起步并发展。我国丰富的文化遗产和历史文化古迹开始得到开发，北京故宫、长城、敦煌莫高窟、秦皇陵及兵马俑都于1987年12月成功申报世界文化遗产，并成为世界著名的文化旅游目的地。我国的文化遗产旅游、山水文化旅游、文物古迹旅游等文化旅游形式得到了长足发展。

国家历史文化名城的设立，成为促进城市文化旅游发展的重要载体。国家历史文化名城是1982年根据北京大学侯仁之、建设部郑孝燮和故宫博物院单士元三位先生提议而建立的一种文物保护机制，由中华人民共和国国务院确定并公布。毕竟文化旅游的发展还处于初级阶段，物质文化资源是文化旅游开发的主要来源。保护和规划重要历史建筑、文化遗址、文物，颁布保护文化遗产政策，将其打造成具有人文底蕴和生活气息的历史文化街巷是国家历史文化名城项目的主要任务。1982年第一批国家历史文化名城有24座。大批历史文化名城也发展成为重要的文化旅游城市。

1982年，国家风景名胜区由国务院批准设立。景区依托我国丰富的风景名胜资源和深厚的历史文化积淀，使自然与文化相互交融，开展山水文化旅游。例如，著名的张家界风景区是国家批准的第一个国家森林公园，因其罕见的地貌、形状新奇的山形、自然奇观而闻名于世界；承德避暑山庄是清代皇帝避暑和办公之处，东南多水，西北多山，景色极佳，是全国文物重点保护单位、国家5A级旅游景区。

这一时期，主题公园在我国也开始兴起。主题公园是一类空间上不可分的具有某种特定娱乐主题的盈利性人造园区，是采用现代科学技术和多层次活动设置方式，集诸多娱乐活动、休闲要素和服务接待设施于一体的现代旅游目的地。20 世纪 80 年代，我国的主题公园刚刚萌芽，在园区的设计和规划、管理、技术以及设施等方面都相对落后，主题内容相对单一，主要集中于东部沿海地区和一线城市。1980 年依照古典名著《红楼梦》建成了最早的文化主题公园，即北京大观园。在北京大观园建成之后，无锡吴文化公园、鬼府神宫等静态观赏型公园相继出现。1989 年，深圳锦绣中华主题公园成功开业，是我国第一个真正意义上的主题公园。

二、文化旅游的成长期（1992～2012 年）

随着社会主义市场经济改革的继续深化，1992 年中共十四大将建立中国特色社会主义经济体制确立为改革目标。1992 年邓小平发表“南方谈话”，他游览了深圳锦绣中华主题公园、民俗文化村，还谈到不仅要搞好经济建设，社会文化一样要抓。邓小平“南方谈话”对这一阶段我国文化旅游的发展思路起到基础指导作用。国民经济在这一时期呈现爆发增长的态势，1992 年 GDP 只有 2.72 万亿元，2012 年 GDP 达到 53.86 万亿元，约为 1992 年的 19.8 倍，经济年均增长率在 8% 以上，[①] 人民生活水平迅速提升。

在经济快速发展的背景下，我国旅游业的产业特征逐步明显，创汇功能逐渐减弱，初步形成了国内旅游、入境旅游、出境旅游三大市场，出现了一批具有相当竞争力的旅游企业。1993

① 根据国家统计局国民经济统计数据整理。

年我国国内旅游人数 4.1 亿人次，旅游收入为 864 亿元，而到了 2004 年，旅游人数已突破了 11.02 亿人次[①]。到 2012 年，全国国内旅游人数 29.57 亿人次，收入 22 706.22 亿元人民币，分别比上年增长 12.0% 和 17.6%；接待入境旅游 1.32 亿人次，实现国际旅游（外汇）收入 500.28 亿美元，分别比上年下降 2.2% 和增长 3.2%；中国公民出境人数达到 8 318.27 万人次，比上年增长 18.4%；全年实现旅游业总收入 2.59 万亿元人民币，比上年增长 15.2%。[②] 2007 年，中国旅游业全球竞争力仅仅为世界第 71 位；2009 年，上升为第 47 位；2011 年，上升为第 39 位[③]。

在这一阶段，国家颁布了更多相关的政策来加快旅游业的发展。1992 年 6 月，中共中央、国务院在《关于加快发展第三产业的决定》中，将旅游业确定为第三产业中的重点产业。1993 年，国务院办公厅批转国家旅游局《关于积极发展国内旅游业的意见》，提出今后一个时期将“搞活市场，正确引导，加强管理，提高质量”作为国内旅游发展的方针。1994 年 3 月，国有企业进行股份制改造试点，部分旅游企业集团获得了国有资产管理局授予的国有资产管理权。1995 年 1 月，国务院印发《关于发布第三批国家重点风景名胜区名单的通知》。同月，国家旅游局发布《旅游安全管理暂行办法实施细则》。1995 年 7 月，全国组建国家旅游局、省旅游局、地方旅游局三级旅游质量监督管理所。1995 年 9 月，中共中央十四届五中全会提出《关于制定经济和社会发展“九五”计划和 2010 年远景目标纲要的建议》，旅游业被列为第三产业积极发展新兴产业序列中的第一位。1998 年 12 月召开的中央经济工作会议中，旅游业被确定为国民经济三个新的增长点之一。1999 年 9 月 18 日，《国务院关于修改〈全国

① 转引自厉新建：“中国旅游业 40 年：从高速度增长到高质量增长”，http://m.china.com.cn/appdoc/doc_1_44_1128292.html.

② 国家旅游局 . 2012 年中国旅游业统计公报 .

③ 世界经济论坛 . 旅游业竞争力报告 .

年节及纪念日放假办法〉的决定》第一次修订，“黄金周”制度开始实行。同年发布《国务院关于进一步加快旅游业发展的通知》，其中指出：“树立大旅游观念，充分调动各方面的积极性，进一步发挥旅游业作为国民经济新的增长点的作用。”2002 年，十六大提出要大力发展文化产业。2006 年，《中国旅游业发展“十一五”规划纲要》明确提出，要把旅游业培育成为国民经济的重要产业。2008 年，国家旅游局推出国民休闲计划，乡村休闲被列为国民休闲的重要构成部分。2009 年 12 月 1 日，国务院下发《关于加快发展旅游业的意见》，提出“把旅游业培育成国民经济的战略性支柱产业和人民群众更加满意的现代服务业”。2011 年 3 月，国务院常务会议通过决议，中国正式设立国家旅游日，时间确定为 5 月 19 日。

在这一阶段的标志性事件包括：1992 年，国家旅游局为集中开展宣传促销和产品推广活动，以“中国友好观光年”为主题，拉开全国“旅游主题年”的序幕，以后每年确定一个年度主题。1993～1998 年我国开展了系列主题旅游活动：1993 年为中国山水风光游，1994 年为中国文物古迹游，1995 年为中国民俗风情游，1996 年为中国度假休闲游，1997 年为中国旅游年，1998 年为华夏城乡游。系列主题年活动的开展，扩大了旅游的影响，提升了旅游的地位，文化对旅游发展的灵魂作用进一步凸显。1999 年 5 月 1 日至 10 月 31 日，我国政府成功举办 20 世纪末规模最大、为期最长的国际展览会——1999 昆明世界园艺博览会。2018 年北京奥运会和 2010 年上海世博会的成功举办，使中国成为世界的中心，是国家文化软实力和综合实力的体现，极大地促进了文化旅游的发展、中外文化交流和中华文化影响力的传播。

在这一阶段，我国成功申报了新的一批世界文化遗产，并逐步发展成为世界级的文化旅游目的地。如西藏布达拉宫（1994 年申遗成功）是著名的宫堡式建筑群，宏伟的群楼蕴含着藏传佛教文化，是西藏文化旅游的核心吸引物。云南丽江古城（1997年申遗成功）是一个无人不晓的旅游城市，那里聚集着五凤楼、白沙古镇等人文景观，以玉龙山和老君山为代表的绿雪冰川景观，还有东巴仪式、占卜等民俗文化，整个城市都是文化遗产，具有极高的遗产价值，为研究纳西族的历史文化和民俗风情提供珍贵的实物。位于江苏的苏州园林（1997 年申遗成功）是江南园林之精粹、中华园林之翘楚，由几个朝代、不同时期建筑风格的园林构成，蕴含浓厚的中国传统思想文化。

中国传统文化博大精深、源远流长。我国的世界级非物质文化遗产、国家级非物质文化遗产、民俗文化也是文化旅游的重要内涵。我国被列为世界非物质文化遗产的总数位居世界第一，包括京剧、古琴艺术、中国书法、剪纸、皮影戏、珠算等。自2006 年起，国务院发布了多批国家级非物质文化遗产名录，包括白毛女传说、孟姜女传说、翼城琴书等。民俗文化民俗旅游也开始受到国家的重视。从 2003 年起，建设部和国家文物局开始共同组织评选中国历史文化名镇名村，也就是那些保存文物特别丰富且具有重大历史价值、能较完整地反映一些历史时期传统风貌和地方民族特色的镇和村，如婺源、西递、宏村等。到目前为止，这些名镇名村分布于我国各省、市、自治区，反映了我国不同地域村镇的历史文化与民俗风情。这些乡村文化旅游村镇的崛起在拉动当地经济的同时，还实现了传统文化传承、文化遗产保护和旅游发展的相辅相成。

主题公园在这一时期得到了进一步发展。主题公园的形式更为多样化，其经济增长方式更为优化。公园盈利不仅仅依赖于门票，还包括具有文化价值的方式，比如旅游纪念品、主题演出等。1995 年开始，主题公园建设热潮兴起，其中 1998 年创立的深圳“欢乐谷”是典型的代表。该公园主题鲜明，个性突出，引入了高科技游乐设施，强化了游乐活动与游客之间的互动性。进入 21 世纪以后，国际知名的主题公园集团向我国输出了一系列高质量的主题公园项目。比如，于2006年开园的重庆金源方特科幻公园以及广州长隆野生动物世界。2005年，香港迪士尼乐园开业，世界顶尖主题公园集团的影响力直接延伸到国内。

文化创意产业园区的建设也在这一时期开始出现并显露头角。2002年十六大以后，一线城市的文化创意园区尤为典型，它们大多建立于旧工厂的基础上，并发展为艺术聚落。其中前身为国营798工厂的北京798艺术区可谓是国内旧工厂改造为文创园区的先河，798艺术区的存在不仅萌发了众多艺术品牌，还吸引了商家投资和大量参观者，形成了自己的品牌效应；上海的M50创意园由粗纺厂改造，主打视觉艺术与创意设计，大量的艺术家、文创企业定居于此；青岛创意100园区，聚集着国际高端文化创意企业，以平面设计、工业设计为主。

城市文化旅游和城市文化旅游街区在这一时期得到了快速发展，文化旅游对城市转型的推动作用日益彰显。拥有700年历史的北京国子监坐拥中国古代最高学府，现已发展成为4A级景区，这条国学文化街散发着老城的韵味，同时夹杂着现代国际文化气息；有着“四川最美街道”之称的宽窄巷子于2003年被列为历史文化名城保护街区，是成都遗留下来的规模性清代街道，延续了清代川西民居风格；上海新天地保留了上海石库门里弄的传统建筑风貌，并引进了国际画廊、主题餐厅等现代休闲业态的设施，是城市传统与现代元素的完美融合。

三、文化旅游的繁荣期（2013年至今）

2012年党的十八大召开，首次正式提出全面建成小康社会。同时，对文化建设提出了四个“要”——要加强社会主义核心价值建设、要全面提高公民的素质、要丰富人民精神文化生活、要增强文化整体实力和竞争力，还提出“美丽中国”概念，强化生态文明建设。2013 年，习近平总书记提出“一带一路”倡议，我国与沿线国家和地区进行了紧密的旅游合作，“一带一路”沿线各国已经成为中国出入境游新的增长点。2015 年中共十八届五中全会首次提出“创新、协调、绿色、开放、共享”五大发展理念，以保障实现全面建成小康社会的目标。

2017 年党的十九大将文化建设提到了前所未有的高度，并强调要满足人民对美好生活的追求。习近平总书记指出：“要满足人民过上美好生活的新期待，就必须提供丰富的精神食粮。”经济强国也必须有强大的经济文化软实力作为支撑，要增强中华民族的文化自信，注重传统文化的复兴，其中，将优秀传统文化资源进行创造性转化和创新性发展是关键。“健全现代文化产业体系和市场体系，创建生产经营机制，完善文化经济政策，培育新型文化业态”，从而促进文化旅游提质增效。乡村振兴的国家战略也于十九大被提出，鼓励通过发展乡村文化旅游来促进乡村地区的发展。同时，继续推进“一带一路”对外文化旅游交流。

经过改革开放以来 40 年的发展，中国旅游业的机制更为完善，功能更为多样，规模更为庞大，旅游创收和人流量剧增，对国民经济贡献明显。2017 年中国居民国内旅游人数达 50.01 亿人次，国内旅游收入 45 661 亿元；入境游客 13 948 万人次，国际旅游收入 1 234 亿美元；国内居民出境 14 273 万人次；全年实现旅游总收入 5.40 万亿元。① 我国已经成为世界第一大出境和国内旅游大国，第三大入境旅游国，在国民经济中的占比大大提升。2017 年，全国旅游业对 GDP 的综合贡献为 9.13 万亿元，占 GDP 总量的 11.04%。② 在改革开放的 40 年间，我国旅游业的开放程度越来越高，从最初的以壮大入境旅游为重点、以增加外汇创收为目标，转变为入境、出境、国内旅游的共同发展，尤其是在

① 国家旅游局. 2017 年中国旅游业统计公报.

② 国家旅游数据中心. 2017 年全年旅游市场及综合贡献数据报告.

“一带一路”的合作倡议全面实现之后，全球化的趋势日益显著，旅游与文化交流、国际合作紧密交融。新时代旅游业立足于全球开放、包容、普惠、平衡、共赢的平台机制，致力于构建新型国际关系，推动构建人类命运共同体。

随着我国人民生活水平提高，在全面建成小康社会的新时代，人民对美好生活愈发向往，对精神和文化需求愈发强烈。旅游业发展的欣欣向荣，还有供给侧改革被提出的背景下，旅游业的发展逐渐把重点放在提高文化旅游产品的质量，而不仅仅是扩大规模和增加数量。人们对旅游的品质追求也逐步提高，从走马观花式的观光游过渡到以精神体验为导向的深度游，开始追求慢节奏的旅游体验和感受。

文化和旅游的相融已经发展成熟，尤其是在 2018 年文化部和旅游部的正式合并标志着文旅融合走进新的阶段。2014 年初，国务院印发了《关于推动文化创意和设计服务与相关产业融合发展的若干意见》。“文化 +”不仅仅是“文化 + 旅游”，还涉及越来越多的相关产业。例如，文化与金融的融合，国内阿里巴巴、恒大集团等著名企业对文化领域进行了大力融资，为文化市场注入活力。

技术进步对文化旅游的发展产生了巨大的影响。这是个体验经济的时代，随着互联网、云计算、人工智能、VR 等高新技术在各领域的运用，旅游功能趋向智能化、人性化，人们在旅游消费过程中能够拥有高品质的感官体验、情感体验和精神体验。“互联网 +”使得线上与线下的交融变得愈发深刻，互联网金融、二维码支付的普及大大提升了旅游业的快速和便捷性。高新科技的开放性、互动性以及文化产业自身所具备的高度融合力，文化旅游与科技的融合已成为必然的趋势。例如腾讯视频、爱奇艺视频、喜马拉雅等数字文化产品，传统纸书与“互联网 +”结合成的电子纸书，以及文化创意科技园的推动和建设，包括 AI 等先进技术，对文化旅游产品的升级和创新产生了重要的影响。

这一时期，重要的文化旅游政策包括：2013 年 4 月 25 日，十二届全国人大常委会第二次会议表决通过了《中华人民共和国旅游法》。国家主席习近平签署第三号主席令予以公布，自 2013 年 10 月 1 日起施行。同年，发展和改革委员会等 12 个部委联合印发《关于规范主题公园发展的若干意见》，规定主题公园项目新建、扩展应严格履行相应核准程序，并加强主题公园行业监管，严禁借投资主题公园名义开发商业房地产。2014 年 8 月，国务院出台的《关于促进旅游业改革发展的若干意见》提出了新时期旅游业改革发展的方向和任务。2014 年 9 月，国务院正式批复建立国务院旅游工作部际联席会议制度，联席会议在国务院领导下，统筹协调和宏观指导全国旅游工作。2015 年 3 月，国家发展改革委、外交部、商务部经国务院授权，联合发布《推动共建丝绸之路经济带和 21 世纪海上丝绸之路的愿景与行动》。2015 年 7 月，国务院总理李克强主持召开国务院常务会议，确定促进旅游投资和消费的政策措施，打造平稳增长调结构惠民生新支点。

2016 年国务院将《“十三五”旅游业发展规划》纳入国家“十三五”重点专项规划。2017 年 6 月，国家旅游局发布《全域旅游示范区创建工作导则》。2017 年 11 月，国家旅游局发布了《全国旅游厕所建设管理新三年行动计划（2018 ~ 2020）》。2018 年，十三届全国人大一次会议表决通过了关于国务院机构改革方案，批准文化部、国家旅游局合并为文化和旅游部。同年，国家旅游局发布《“十三五”全国旅游公共服务规划》通知，明确了包括完善旅游基础设施、优化旅游交通便捷服务体系、提升旅游公共信息服务、大力推进厕所革命、构建国民旅游休闲网络、加强旅游惠民便民服务、构筑旅游安全保障网、优化旅游公共行政服务、推动旅游公共服务走出去等主要任务，为城市发展全域旅游模式奠定了基础。

全域旅游的概念于 2016 年提出，这是一种旅游融合的发展模式，也就是说旅行者游览与消费的不再只是单一的景点，而是一个包含着物质的、非物质文化的区域，旅行者能够通过长期居住在当地，品尝当地美食、逛古建筑和艺术馆、摄影等，获得全方位当地人生活的体验。这种旅游模式促进了区域资源的优化与整合，使得全民参与旅游业，有利于实现城乡一体化，全面推动产业建设和经济提升。

2013 年习近平总书记提出共建“一带一路”倡议，打造具有丝绸之路特色的国际精品旅游线路和旅游产品。近几年来，“一带一路”沿线国家文化旅游合作显著增加，旅游热度暴涨，大大促进了国际文化交往。从中国出境到“一带一路”沿线国家的游客人次逐年攀升，由 2013 年的 1 549 万人次，增长到 2017 年的 2 741 万人次，5 年间增长了 77%，年均增速达 15. 34%。[①] 同年 3 月，习近平总书记在俄罗斯中国旅游年开幕式上致辞，表明旅游是国家之间文化交流的桥梁。2016 年 5 月，首届世界旅游发展大会在京举办，来自 107 个国家和 15 个国际组织的代表出席会议并发布《北京宣言》，这是首个由中国倡议、中国组织的世界旅游大会。2016 年 5 月，第七届二十国（G20）集团旅游部长会议首次在北京举行。2017 年，由中国发起并成立了世界旅游联盟。

文化旅游的融合发展，对整合地方特色文化资源和区域自然禀赋资源起到重要作用，从而促进特色小镇的发展。我国特色小镇兴起于浙江杭州。2014 年，以云计算技术为基础的云栖小镇在杭州建成，成为我国特色小镇项目建设的开始。之后国家对特色小镇项目给予了大力的政策支持。2016 年 7 月，住房和城乡建设部、国家发展和改革委员会、财政部三部委联合发文《关于开展特色小镇培育工作的通知》，明确提出“到 2020 年，培育 1 000 个左右各具特色富有活力的休闲旅游、商贸物流、现代制造、教育科技、传统文化、美丽宜居等特色小镇”。极具现代化、

① 根据国家旅游局《旅游业统计公报》整理。

技术性、创新性的特色小镇项目，如金融创新型的上城玉皇山南基金小镇、高端制造型的宁海智能汽车小镇、时尚创意型的余杭艺尚小镇。

2017 年“中央一号”文件提出，在保持政策的连续性、稳定性的基础上，特别注重平台和载体建设，即“三区、三园和一体”。其中“一体”即田园综合体，提出“支持有条件的乡村建设以农民合作社为主要载体、让农民充分参与和受益，集循环农业、创意农业、农事体验于一体的田园综合体”。江苏无锡惠山田园东方项目——国内落地实践的第一个田园综合体项目；上海金山区“田园综合体”——一、二、三产业融合发展，涌现一批休闲农业集聚区；安徽肥西县“官亭林海”——保护风貌说提升价值是田园综合体的一体两面；黑龙江富锦建“稻”梦空间，打造以稻田文化“田园综合体”；四川成都市郫都区红光镇多利农村——打造国际乡村旅游度假目的地。

这一阶段，在乡村振兴的国家战略背景下，美丽乡村、城乡一体化、田园综合体等概念和政策相继提出，乡村文化旅游呈现出创意化、精致化、美化的发展特点，在进入繁荣期之后，我国的乡村旅游愈发具有活力，内容更为优质，从最初以单纯体验乡村生活为目的的“农家乐”蜕变为享受与大自然紧密融合却颇具现代艺术设计感和小资情调的民宿居住体验。文化创意与农业紧密融合，形成精致的观光农业、休闲农业，实现文旅农一体化，在发展传统农业的同时，融入文化，拉动经济，促进乡村振兴。

主题公园在这个时期的发展呈规范化、高速化发展。中国政府对主题公园的建设者给予政策支持，为中外企业投资升级换挡。国内方面，继方特、长隆等主题乐园开园之后，我国本土主题公园品牌不断增多，游客数量不断增加，基本形成数量众多、类型多样的总格局，包括“欢乐谷”为代表的休闲游乐主题公园，开封清明上河园为代表的历史文化主题公园等；国际主题公园集团在我国的发展也如鱼得水，2014 年，著名的“环球影城”主题公园确定将落户于北京通州，2015 年中国首座 Hello Kitty 主题公园正式开业、2016 年上海迪士尼正式开业，还有芬兰 Rovio 公司在华建设的“愤怒的小鸟”系列主题公园。

这一阶段影视旅游在我国的热度越来越高，主要以影视城为依托的文化旅游为主。例如，被誉为“中国好莱坞”“江南第一镇”的横店影视城已发展为目前全球规模最大的影视基地，同时还是国家 5A 级旅游景区，2018 年横店游客量达到 1 608 万人次。还有近几年走红的影视 IP 与体验式旅游的有机结合，如电视剧《琅琊榜》的拍摄地雁荡山、《花千骨》的拍摄地德天瀑布由不知名的地方成为火爆的旅游景点。游客可以通过这种方式亲身体验自己喜爱的影视作品环境，满足其文化体验的需求。

旅游演艺的发展经历了从 20 世纪 80 年代初的刚刚起步，到现在观看旅游景区的演出成为旅游的标配。大众文化需求的转型——从传统的观光游转变为对文化旅游体验的追求，将旅游演艺推进了繁荣期。印象系列是其中的代表，形成了旅游演艺品牌。《印象·刘三姐》在 2015 年接待游客 150 万人次，使旅游演艺投资在国内大受追捧，促使旅游演艺发展的大幅增长；《长恨歌》作为大唐题材的实景演出也深受好评，票房仅次于《印象·刘三姐》，成为西安旅游不可错过的风景。

城市文化旅游在这一时期发展日趋成熟。文化创意园区已深度扩展到传统经典文化、艺术与时尚文化、新媒体产业等各个领域，成为城市中进行文化传播与美学体验的重要旅游空间；大型城市文化旅游综合的设立将区域的地方特色、文化历史与现代商业、休闲娱乐有机融合在一起，比如说川西风格的成都远洋太古里、民国建筑风格的武汉楚河汉街都是由大型集团企业投资后发展为集文化、历史、艺术为一体的国际化商业区，古香古色、具有文化沉淀的街区云集着国际一线大牌，成为城市亮丽的风景线，人流量巨大。另外，2015 年 4 月 21 日开始，为了更好地保护我国优秀历史文化遗存，完善历史文化遗产保护体系，国家住房城乡建设部、国家文物局对外公布第一批中国历史文化街区，北京市皇城历史文化街区等 30 个街区入选。

最后，随着文化与旅游融合的深入发展，文化产业园区也成为文化旅游发展的重要平台。从 2004 年至今，文化部先后命名了 5 批共 10 家国家文化产业示范园区，3 批共 12 家国家文化产业试验园区，以及 2017 年新一批 10 家国家文化产业示范园区创建资格名单。在这些国家文化产业示范/试验园区不仅是文化产业重要的载体，大量优秀的、具有核心竞争力的文化企业由此产生，它们还是文化旅游目的地，是拉动区域产业发展的重要引擎。例如，长沙天心文化产业园区是第四批示范园，形成了文化旅游、艺术品、传媒等主导产业，天心阁古城区与坡子街饮食文化区等代表老长沙特色的街区成为必去的旅游景点，为当地经济增长做出很大贡献，在湖南省文化产业发展中占有举足轻重的地位；敦煌文化产业园是第五批示范园区，形成了敦煌文化旅游经济圈和文化企业集群，莫高窟、阳关及老城区等旅游景点带动了多业态发展。文化旅游对文化产业的发展具有先导作用，促进了文化及相关产业的发展与融合。

第四章

文化旅游的业态繁荣

伴随着改革开放以来旅游业的全面繁荣，本书选取文化遗产旅游、民俗文化旅游、主题公园旅游、乡村文化旅游、城市文化旅游、旅游文创产品、文化旅游演艺等具有代表性的文化旅游业态进行进一步阐述。

一、文化遗产旅游

（一）文化渊源

文化遗产旅游是旅游者离开其惯常居住环境，前往文化遗产所在地，依托文化遗产为核心资源而开展的旅游活动，是文化旅游的主要形式之一。

文化遗产是人类历史发展进程中创造的或与人类活动有关的、具有突出的普遍价值的文化遗存，从存在形态上包括物质文化遗产（有形文化遗产）和非物质文化遗产（无形文化遗产，简称“非遗”）。2005 年 12 月，国务院发布的《关于加强文化遗产保护的通知》中指出：“文化遗产包括物质文化遗产和非物质文化遗产。物质文化遗产是具有历史、艺术和科学价值的文物，包括古遗址、古墓葬、古建筑、石窟寺、石刻、壁画、近代现代重要史迹及代表性建筑等不可移动文物，历史上各时代的重要实物、艺术品、文献、手稿、图书资料等可移动文物；以及在建筑式样、分布均匀或与环境景色结合方面具有突出普遍价值的历史文化名城（街区、村镇）。非物质文化遗产是指各种以非物质形态存在的与群众生活密切相关、世代相承的传统文化表现形式，包括口头传统、传统表演艺术、民俗活动和礼仪与节庆、有关自然界和宇宙的民间传统知识和实践、传统手工艺技能等以及与上述传统文化表现形式相关的文化空间。”

我国是历史悠久的文明古国，在漫长的岁月中，中华民族创造了丰富多彩、弥足珍贵的文化遗产。按文化遗产的级别划分：一是世界级文化遗产，主要包括被联合国教科文组织列入《世界遗产名录》和《世界非物质文化遗产名录》的遗产资源。截至2019 年 4 月，我国已拥有 53 项世界遗产，其中世界自然与文化双遗产 4 项、世界文化遗产 36 项；入选联合国教科文组织的世界非物质文化名录的项目已达 41 个，是目前拥有世界非物质文化遗产数量最多的国家。二是国家级文化遗产，主要包括全国重点文物保护单位、国家级历史文化名城名镇名村、历史文化街区（历史地段）等。自 1961 年以来，国务院先后公布了 4 292 项全国重点文物保护单位、133 项国家级历史文化名城、252 项国家级历史文化名镇、276 项国家级历史文化名村、30 项国家级历史文化街区、1 372 项国家级非物质文化遗产。三是地方级文化遗产，主要包括省级、市（县）级文物保护单位、历史文化名城名镇名村、历史文化街区和非物质文化遗产。这些文化遗产记载着中华民族发展的历史进程和勇于创造的民族精神，并为文化遗产旅游提供了大量的优质旅游资源。

（二）发展脉络

新中国成立以来，我国对文化遗产更多的称呼为“文物”，直到 21 世纪初期，随着国际上“文化遗产”这一概念使用频率的提高，我国逐步开始使用“文化遗产”取代“文物”等相关概念。从1961年国务院公布第一批全国重点文物保护单位到1982年《中华人民共和国文物保护法》的出台，《文物保护法》第四条明确提出：“文物工作贯彻保护为主、抢救第一、合理利用、加强管理的方针”，我国对于文化遗产更多关注的是其保护而非旅游利用。改革开放之后到20世纪80年代中期，我国优先发展入境旅游，由于国门初开，很多外国旅游者对前来中国旅游表现出极大的兴趣；而当时我国国内经济比较落后，国内旅游需求市场未能形成规模，故而对国内旅游实行“不提倡、不鼓励、不反对”的政策。这一时期，虽有入境游客和部分国内游客前往文化遗产地的旅游行为，但绝大部分均为自发行为，且以观光旅游为主。

1972年，联合国教科文组织在《保护世界文化和自然遗产公约》中，正式使用“文化遗产”这一概念，并启动《世界遗产名录》的申报和评选。我国于1985年加入该公约成为缔约成员方，并于1986年开始向联合国教科文组织申报世界遗产项目。1987年，泰山、长城、北京故宫、秦始皇陵及兵马俑、敦煌莫高窟、周口店北京猿人遗址6处文化遗产入选《世界遗产名录》。20世纪80年代中期，我国社会经济迅速发展，人民生活水平不断提高，我国居民的旅游需求逐渐发育并迅速增长，国内旅游人数迅速增加，国内旅游收入增幅惊人，国家对国内旅游的政策由原先的“三不”政策逐渐过渡到“因地制宜，正确引导，稳步发展”，进入90年代后进一步转变为“积极发展”。在这一背景下，文化遗产旅游的发展进入高峰期，尤其是世界遗产地，迅速成为热门旅游目的地，时至今日仍然是经典的大众旅游目的地。据统计，2017年，我国世界文化遗产地接待游客总4.35亿人次，其中，年游客接待人次排名前十的世界文化遗产分别为大运河、杭州西湖文化景观、庐山国家公园、明清故宫、北京皇家祭坛——天坛、苏州古典园林、鼓浪屿：历史国际社区、北京皇家园林——颐和园、平遥古城、武当山古建筑群，共接待游客约1.53亿人次，占比为35.2%[①]。为适应迅猛发展的旅游活动的需要，文化遗产旅游资源得到开发，旅游设施逐步完善，但旅游活动形式仍以观光旅游为主。

20世纪初，伴随着体验经济时代的到来，以及旅游者自身知识的增长、眼界的开阔和旅游经验的不断丰富，传统的观光旅游形式已经不能满足游客的个性化需求，高质量的旅游体验成为人们追求的目标，顺应这一潮流，文化遗产旅游开始逐步从单纯的观光旅游向体验旅游过渡。鉴于文化遗产的珍贵性和不可再生性，以及在文化遗产旅游中存在的游客不文明行为、过度旅游开发、传统文化商业化等问题给文化遗产保护带来的压力，2005年12月，国务院发布的《关于加强文化遗产保护的通知》，再次强调对物质文化遗产要贯彻“保护为主、抢救第一、合理利用、加强管理”的方针、非物质文化遗产要贯彻“保护为主、抢救第一、合理利用、传承发展”的方针，并将每年6月的第二个星期六定为我国的“文化遗产日”。2012年12月19日，国务院印发《关于进一步做好旅游等开发建设活动中文物保护工作的意见》，从严格执行文物保护法律法规、严格履行涉及文物的旅游等开发建设活动审批、合理确定文物景区游客承载标准、加大对文物保护的投入、加强文物旅游的指导和监管、切实落实文物保护责任、认真履行文物保护职责、依法纠正违法违规行为8个方面对文化遗产旅游的发展提出了指导性意见。2013年4月25日第十二届全国人民代表大会常务委员会第二次会议通过《中华人民共和国旅游法》，该法第四十五条明确规定：“景区接待旅游者不得超过景区主管部门核定的最大承载量。景区应当公布景区主管部门核定的最大承载量，制订和实施旅游者流量控制方案，

① 张朝枝，周小凤，宋晓微．我国世界文化遗产旅游发展现状分析报告［J］．中国文化遗产，2018（6）：35－39.

并可以采取门票预约等方式，对景区接待旅游者的数量进行控制。旅游者数量可能达到最大承载量时，景区应当提前公告并同时向当地人民政府报告，景区和当地人民政府应当及时采取疏导、分流等措施。”2015 年 1 月，国家旅游局下发《景区最大承载量核定导则》，并于当年 7 月统一公布全国 31 个地区、184 家 5A 级旅游景区的日最大承载量与瞬时最大承载量，其中涉及世界文化遗产地的有 33 家，其他各级各类文化遗产旅游地也纷纷开始控制其旅游接待承载量。据统计，2017 年，除个别景区（莫高窟 108 天、北京故宫 52 天、武当山古建筑群 20 天、苏州古典园林 17 天）以外，我国大多数世界文化遗产地的最高日游客接待人次并未超载①。文化遗产旅游在发展的过程中开始寻求保护与利用的最佳契合点，并逐步走向“保护—利用—保护”的良性循环。

2003 年 10 月，联合国教科文组织第 32 届大会通过了《保护非物质文化遗产公约》，旨在保护以传统、口头表述、节庆礼仪、手工技能、音乐、舞蹈等为代表的非物质文化遗产，并组织了“人类非物质文化遗产代表作名录”“急需保护的非物质文化遗产名录”“优秀实践名册”三项人类非遗名录的申报和评选。自 2001 年昆曲进入世界非物质文化遗产名录至今，中国已经成为世界上拥有世界非物质文化遗产数量最多的国家。2006 年 10 月 25 日，《国家级非物质文化遗产保护与管理暂行办法》出台，国务院先后于 2006 年、2008 年、2011 年和 2014 年命名了四批国家级非物质文化遗产名录。2011 年 2 月 25 日，第十一届全国人民代表大会常务委员会第十九次会议通过《中华人民共和国非物质文化遗产法》，该法第三十七条明确指出：“国家鼓励和支持发挥非物质文化遗产资源的特殊优势，在有效保护的基础上，

① 张朝枝，周小凤，宋晓微．我国世界文化遗产旅游发展现状分析报告［J］．中国文化遗产，2018（6）：35－39.

合理利用非物质文化遗产代表性项目开发具有地方、民族特色和市场潜力的文化产品和文化服务。”非物质文化遗产在国际国内日益受到重视，并逐步走入人们的视野，成为文化遗产旅游的重要资源，且由于其本身具有较强的体验性，符合当前体验旅游的大趋势，吸引了大量的国内外旅游者，成为文化遗产旅游的主力军之一。

随着计算机技术的进步和互联网时代的来临，人们可以利用虚拟现实（virtual reality，VR）、人工智能（artificial intelligence，AI）等高科技手段共享文化遗产资源，文化遗产旅游进入数字化和虚拟化的新阶段。目前，许多文化遗产地、博物馆都通过高科技的手段，将实体的文化遗产、博物馆搬到网上，通过音频讲解、实境模拟、立体展现等多种形式，让旅游者通过互联网足不出户、身临其境地观赏文化遗产资源，随时随地进行文化遗产旅游，感受历史文化的沉淀。例如，百度百科推出“数字博物馆计划”，并于2012年正式上线，至今已有中国国家博物馆、三星堆博物馆、中国园林博物馆、法国枫丹白露宫等200余家数字博物馆上线，通过文字、图片、录音解说、立体Flash、虚拟漫游、高空俯瞰等多种方式，全景展示各家博物馆的权威信息和独家藏品知识，线上浏览人次已超过7 300多万。2016年，“数字敦煌”网站上线，包含30个敦煌石窟的高精度数字图像和虚拟漫游节目，年访问量达到347万次。2017年，“秦始皇兵马俑数字博物馆”上线，采用矩阵全景技术，收录了兵马俑1号坑和3号坑的高精度全景图资料，将兵马俑坑内的所有遗迹进行“毫米级”重现，画面所到之处，细节纤毫毕现。虽然文化遗产的数字化和虚拟化旅游仍处于初级阶段，但其发展前景颇为可期。

党的十八大以来，党和国家领导人对于文化遗产的保护和利用高度重视，中共中央总书记、国家主席、中央军委主席习近平就文化遗产的保护多次做出重要指示，并不止一次强调文化遗产的“活化”利用。2014年3月27日，习主席在巴黎联合国教科文组织总部发表演讲时说：“中国人民在实现中国梦的进程中，将按照时代的新进步，推动中华文明创造性转化和创新性发展，激活其生命力，把跨越时空、超越国度、富有永恒魅力、具有当代价值的文化精神弘扬起来，让收藏在博物馆里的文物、陈列在广阔大地上的遗产、书写在古籍里的文字都活起来，让中华文明同世界各国人民创造的丰富多彩的文明一道，为人类提供正确的精神指引和强大的精神动力。”如何让祖先在千百年实践中积累的文化遗产得以保护和传承，如今已受到各级政府、学术界乃至广大国民越来越多的重视，而在多种活化途径之中，旅游领域的活化无疑是其中最为直接、受众面最大、社会及经济效益最突出的一个方向，文化遗产旅游也在朝着文化遗产活化利用的方式发展。例如，厦门鼓浪屿，通过打造“社区博物馆”和“特色民宿”，将“当下真实的社区生活”和“历史国际社区”进行融合，那些重新恢复昔日功能或增加新功能的特色民宿、旧咖啡馆、旧邮局、旧银行开始运转起来，并成为游客眼中难忘的风景和社区日常生活的一部分①。通过这种形式，鼓浪屿曾经沉睡的遗产资源“活”了起来，文化遗产旅游也焕发出新的活力。

（三）主要模式

1. 文化遗产观光旅游

观光是旅游活动中最基本的内容，观光旅游也是文化遗产旅游中最普遍、最基础、最初级的发展模式，即旅游者以观赏为目的、前往文化遗产旅游地开展的大众化旅游活动。在这种模式中，旅游者接触的多为文化遗产的表层现象，并未深入触及文化遗产的内涵和价值，是文化遗产旅游的初级阶段。

---

① 林德荣，郭晓琳．让遗产回归生活：新时代文化遗产旅游活化之路［J］．旅游学刊，2018（9）：1－3.

2. 文化遗产体验旅游

作为体验经济时代的文化遗产体验旅游，是文化遗产保护、利用和文化传播的重要方式，也是当前文化遗产旅游发展的主要模式。其核心是文化遗产资源的深层次开发，提高文化遗产的可感知性、可理解性和可参与性，为旅游者塑造全方位的旅游体验。早在 1999 年 10 月，国际古迹遗址理事会（International Council on Monuments and Sites，ICOMOS）大会在墨西哥通过了《重要遗产地旅游管理原则和指南（国际文化旅游宪章）》，提出了“遗产地的保护与旅游规划应确保游客能从中获得有价值的、满意的和愉快的体验”的原则，指出“古迹保护和旅游的计划应该提供游客高质量的信息，以确保游客最清楚地了解遗产的重要特征和保护它们的需要，使他们能够以恰当的方式享受在当地的旅游”，“旅游者应该能够以他们自己希望的速度和方式游览古迹遗址”，“提供恰当的设施，可以保障游客的舒适和安全，并提高旅游的享受程度”，强调应从信息、安全与舒适、娱乐、精神提升等多方面满足游客文化遗产旅游体验的需求。

以大运河文化遗产旅游为例。全长 1 794 千米的大运河沿线旅游资源丰富，无论是物质文化遗产还是非物质文化遗产都别具特色。在大运河沿线，旅游者可以参观游览古朴典雅、带有浓郁风土民情的古镇，欣赏气势磅礴的宫廷建筑、富丽堂皇的皇家园林、清雅淡泊的私家园林、千姿百态的古代建筑、风格别致的码头和驿站，体验诗歌、书法、绘画、戏曲、杂技等文艺精品，购买江南刺绣、竹雕、木刻、泥塑、玉器、陶器等特色工艺品。与此同时，旅游者还可以乘坐游船，体验古代运河的行船和过闸：扬州开通了游船过邵伯船闸的体验之旅；苏州开通了游客过盘门水陆城门的旅游项目；地处嘉兴长安古镇的长安三闸也组织过运河澳闸的体验之旅，让游客通过体验了解古人是如何在生产力不发达的条件下，利用澳闸这一技术，实现船舶过闸和保水的双重功效。此外，大运河沿线各城镇还开发了运河美食之旅和非物质文化遗产体验之旅，如到邵伯古镇品尝远近闻名的小龙虾、邵伯香肠、邵伯湖鲜，到河南道口古镇品尝道口烧鸡等，引入昆曲、古琴、评弹、剪纸等非物质文化遗产表演和斗茶、双陆、投壶等非物质文化遗产游戏，让旅游者体验运河沿线的特色美食和风土人情，满足游客多方面的文化遗产旅游体验需求①。

3. 文化遗产专项旅游

文化遗产专项旅游主要是指以科考、教育等为主要目的的文化遗产旅游活动，包括旅游者为获取特定的历史文化知识而开展的文化遗产旅游、以科学考察为目的而开展的文化遗产旅游、以修学教育为目的而开展的文化遗产旅游等。这一发展模式拥有特定的客源市场，是高层次、高品位的文化遗产旅游发展模式。

以考古旅游这一文化遗产专项旅游活动为例。考古旅游是以考古活动、考古发现的古代物质文化遗产为旅游吸引物，具有游览观光、学习求知、参与体验、休闲娱乐等功能的专项旅游活动。国内外已有的考古旅游实践中，以美国考古协会（the Archaeological Institute America，AIA）组织的考古旅游活动较为具有代表性。该组织自 1967 年就开始组织考古旅游，目前的考古旅游线路有 16 条，前往世界重要的考古遗址、建筑、博物馆，每条线路人数不超过 20 人，且都必须配备一名相关领域的考古专家。国内也有研究机构、旅游公司组织的考古旅游考察活动，如北京大学的中学生考古夏令营，四川文物考古研究院组织的考古探险活动，北京鸣鹤书苑公司组织的考古训练营、考古亲子营、成人考古旅行活动和相关的人文研学旅行等。这些活动的共同特点是在考古专家或相关领域专家的带领下，聆听讲座，深入参观考察遗迹、博物馆、古代建筑、墓葬，欣赏古代艺术，体验并领略当地传统的工艺、饮食、舞蹈、音乐、宗教等民俗风情，

① 北京大学旅游研究与规划中心．旅游规划与设计——遗产旅游：呈现与活化［M］．中国建筑工业出版社，2017.

旅游者不仅学习和了解关于文化遗产的知识，也学会了用考古专家的思维和视角去看待文化遗产[①]。但这一类型的文化遗产旅游活动由于其特殊性，目前还未能大规模开展，只是一种小众的特殊文化遗产旅游活动形式。

（四）典型案例：北京故宫

北京故宫旧称“紫禁城”，位于北京中轴线的中心，是中国明清两代的皇家宫殿，共有24位皇帝先后在这里处理政务和生活起居，占地面积72万平方米，建筑面积约15万平方米，有大小宫殿70多座，房屋9 000余间，是世界上现存规模最大、保存最为完整的木质结构古建筑之一，也是中国古代宫廷建筑之精华。北京故宫于明成祖永乐四年（1406年）开始建设，历时十四年，到永乐十八年（1420年）建成，被誉为世界五大宫之首(法国凡尔赛宫、英国白金汉宫、美国白宫、俄罗斯克里姆林宫)，是国家5A级旅游景区，1961年被列为第一批全国重点文物保护单位；1987年被列为世界文化遗产。

作为文化遗产旅游地，北京故宫以1 500万人次的年接待游客数量，位居世界所有博物馆和世界文化遗产地之首。为更好地保护文化遗产，自2015年6月13日起，北京故宫开始控制其旅游承载量，实行每日限流8万人与实名制售票；自2017年10月起，取消现场售票，实行全网络售票参观，最终实现“分时段售票、分时段参观、有效控制观众流量”。

故宫博物院有自己的官方网站，并从1998年开始着手建设自己的数字博物馆项目“数字故宫”，经过多年的发展和建设，“数字故宫”的内容不断扩展。如今，在此前“数字故宫”的基础上开发出来的“故宫社区”平台，通过线上和线下的活动，

① 北京大学旅游研究与规划中心．旅游规划与设计——遗产旅游：呈现与活化[M]．北京：中国建筑工业出版社，2017.

整合故宫资讯、导览、建筑、藏品、展览、学术、文创等10余类相关文化资源与服务形态，探索数字文化服务的创新模式，大大提高了文化遗产旅游的可参与性。为了给游客提供更好的体验，2018年，故宫与腾讯地图携手打造“玩转故宫”小程序，推出了故宫首个在移动端的导览应用，小程序中不仅有导航功能，提供路况和路线规划服务；还能选择“快速游”“经典游”等模式，并提供专业导游级的解说。同时，故宫博物院还在端门推出“发现·养心殿——主题数字体验展”，在乾清宫东庑推出“宫里过大年”数字沉浸体验展，运用数字投影、虚拟影像、互动捕捉等方式，形成文化与人的互动，传统文化元素与当代艺术设计交织，组成创新的文化体验空间。

为了让旅游者更加深入地了解传统文化，故宫博物院推出了多种多样的展览和陈列，除常设专馆和原状陈列外，还定期推出特定主题的展览，如：2015年故宫90周年院庆，开设了18个展览，包括“普天同庆——清代万寿盛典展”“寿康宫原状陈列展”和“清淡含蓄——故宫博物院汝窑瓷器展”“故宫博物院文物保护修复技艺特展”“故宫博物院院史展”等，通过展览的形式让人们了解故宫文化和馆藏文物的价值。2019年春节，北京故宫推出“紫禁城里过大年”主题展览，设有“祈福迎祥、祭祖行孝、敦亲睦族、勤政亲贤、游艺行乐、欢天喜地”六大主题，以破纪录的885件（套）文物恢复多种昔日皇宫过年的装饰、活动；故宫内装饰的清廷春节用品仿制品数量也超过1 000件，全面展现清代宫廷过年习俗。2019己亥年元宵节期间，由中共北京市委宣传部和故宫博物院共同举办的“紫禁城上元之夜”文化活动，于2019年2月19日（正月十五）、20日（正月十六）在故宫博物院举行，这也是故宫博物院建院94年来第一次在晚间免费对公众开放，吸引了大量的旅游者前往，众多游人聚集在午门、东北角楼护城河边、神武门、故宫红墙外等地，欣赏紫禁城古建筑群第一次在晚间被点亮的精彩。

故宫博物院还深度挖掘丰富的明清皇家文化元素，努力将故宫的建筑、故宫的文物、故宫的历史故事，找到一个符合当代人喜欢的时尚表达载体，推出了一大批具有故宫文化内涵、鲜明时代特点、贴近于观众实际需求、深受消费者喜爱的故宫元素文创产品。自故宫文创产品上线以来，产品种类已突破一万种，如“朝珠耳机”“皇帝折扇”“花翎伞”“太和殿冰箱贴”“故宫手机壳”“故宫书签”等，每年的销售额超过10亿元。2014年11月故宫吉祥物在厦门首度对外亮相，源于中国传统的吉祥龙凤，分别为龙壮壮（体现龙特有的力量）和凤美美（代表美中之美，结合众美），除图像外，还有3D打印技术制成的立体卡通形象，吸引众多民众关注，也成为故宫文化遗产旅游的形象代言。

作为600年的紫禁城、90年的故宫博物院，具有深厚的历史底蕴与文化积淀，通过文化遗产旅游为游客架起一座沟通文化的桥梁，让人们通过旅游活动和体验直接触摸到文化，亲身感受到文化，把故宫文化带回家，真正实现了让游客通过旅游活动学习文化、通过文化引发思考、通过思考获取精神升华。

（案例来源：根据故宫博物院：“致敬传统　创意生活——故宫博物院文创产品研发概况”等资料整理。）

二、民俗文化旅游

（一）文化渊源

1. 民俗文化旅游的概念

民俗文化是民间民众的风俗生活文化的统称。作为一个地区、一个民族悠久历史文化发展的结晶，民俗文化蕴含着极其丰富的内涵，形式也多种多样，具有鲜明浓郁的地方特色和民族特色，是一种极其重要的旅游文化资源。纵观人类旅游史，几乎所有的旅游行为都离不开所到地区的民俗文化。

对于“民俗文化旅游”（或民俗旅游）的确切概念，国内外学术界见仁见智，至今尚未做出一个严格的统一的界定。但是毋庸置疑，民俗旅游是一种高层次的文化旅游，是一种具有地方或民族特色的文化旅游。具体来说，一是旅游者出游观赏的主要对象是民俗文化，即旅游客体是民俗文化；二是旅游地向旅游者提供的核心产品是民俗文化产品，只有当旅游者享用和消费的产品是旅游地供给的以民俗文化为核心的系列产品，这样的旅游活动才能纳入民俗文化旅游之列。因此，我们可以将“民俗文化旅游”定义为人们暂时离开自己的常驻地，前往某一特定的社会文化环境里，以观察、感受、参与、体验异地民俗文化为主要内容而进行的旅游活动。一般而言，民俗文化旅游往往与观光、考察、访古、览胜、商务、休闲等其他旅游活动联动发生、同时进行。

需要强调指出的是，无论是经营者还是研究者，都不能忽视那些对民俗文化只有少许意识或主要目的不是领略民俗文化的游客，因为尽管他们的旅游活动目前尚不能纳入“民俗文化旅游”的范畴，但是今天的“零星意识”和“次要目的”，或许明天就成为“完全意识”和“主要目的”；即使是那些对民俗文化毫无意识的游客，随着现代旅游活动的多样化、综合化，很难说在不久的将来，民俗文化不会成为他们多重旅游目的中的一个。

2. 民俗文化旅游的特征

作为一种专门旅游，民俗文化旅游除了具备旅游的共性和文化旅游的一般性外，还具有自身的个性，由它们一同构成的民俗文化旅游具有如下特征。

（1）奇特性。民俗文化旅游的奇特性是由于主客体文化之间巨大的反差所造成的心理定式突然逆转而发生的惊讶与震撼。相对于旅游者而言，具有相当差异性和吸引力的民俗文化，往往存在于比较偏远闭塞的地方，尤其是存在于那些与自己的文化背景截然不同的其他民族之中，旅游者隔着一层幕纱看民俗，顿觉民俗文化有着无限的神秘色彩和魅力，带来“文化发现”和“文化证实”感。就是空间距离比较接近的民俗文化，甚至是自身切身经历着的民俗文化，因为形成和流传的历史十分悠久，其核心部分依然保存着相当原始的文化“母题”，也会使得民俗文化具有奇特、神秘色彩，增强了民俗文化旅游对旅游者的吸引力。

（2）纯真性。民俗文化旅游的纯真性，指的是“纯”与“真”的综合。民俗文化是在长期社会生活中自然产生的。无论是民族的饮食、服饰还是礼仪等，都是一个民族、一个地区生活的真实反映，所以一个地区的民俗文化一定与周边的自然地理环境和谐共存，相辅相成。在这种自然纯真的民俗文化氛围里进行的旅游活动，自然没有了斤斤计较的商业气息和身心疲惫的压力，显出民俗文化旅游的纯粹、质朴、天然和真实，给人一种返璞归真、还我本性的美好感觉，与紧张竞争的现代生活形成强烈比照。在众多的旅游类型当中，民俗文化旅游是与人交往最多、最富有人情味的一种。

（3）参与性。民俗文化旅游的参与性指的是旅游者在民俗旅游活动中的亲身经历和体验。由于民俗文化是一个地区或民族的人们生存环境、生活方式的一种反映和表现，民俗旅游资源基本上都保留在现实、具体的人们生活之中，当地民众创造了民俗文化又代表着民俗文化，其本身也是一种民俗旅游资源，因此，这就决定了民俗文化旅游可以观看、欣赏，但更需要参与、体验。一般来说，可供观看、欣赏的民俗旅游景观往往是表层的、浅显的或经常发生的，而需要参与的民俗文化旅游内容则多为内在的、深刻的或间隙出现的。旅游者在亲身参与、平等交流、互相尊重、和谐融洽的互动过程中实现民俗文化旅游探奇、求知、休闲、娱乐、度假、审美等愿望。

（4）经济性。民俗文化旅游是民俗这一古老而独特的文化现象在旅游业中的运用发展，也是利用民俗文化为经济建设服务的具体体现。全国各地如火如荼开发民俗文化旅游，其主要目的就是要以民俗文化旅游为龙头，推动当地经济、社会、文化事业的全面发展。以深圳华侨城为例，其锦绣中华景区于1989年11月开业，引起轰动，1亿元的投资当年回收；以其收入滚动开发的中国民俗文化村于1991年10月开业，1年半后又收回了1.1亿元的投资；接着以5.8亿元投资兴建的世界之窗，1994年6月开业，又创辉煌。自锦绣中华开业以来的10年中，三大景区共接待4 400多万海内外游客，经济收入近30亿元人民币，不仅带来了可观的经济效益，还产生了广泛的社会效益和深远的生态环境效益，成为弘扬民族文化、进行爱国主义教育的基地和增进中外交流的窗口。[①] 而中西部地区，由于自然风光、田园景色和民俗文化资源优势显著，纷纷把民俗文化旅游提升为当地的龙头支柱产业进行规划和开发。

除此之外，民俗文化旅游根据现代旅游者需求的变化，不断从传统民俗文化资源中发掘出不同的文化形式和文化内容，体现更多的文化特征。

（二）发展脉络

我国是一个拥有56个民族的多民族国家，民俗文化旅游资源丰富多彩，构成了旅游资源的重要基础。改革开放以来，由于经济水平的提升，求新、奇异、求奇，注重参与性与体验性，民俗文化旅游逐渐发展起来，成为旅游业新的经济增长点，经历了起步、快速发展和深化成熟等发展阶段，特色鲜明，成果丰硕。

起步阶段：改革开放以来至1989年。1983年，山东潍坊推出“石家庄千里民俗旅游线”，开启了中国民俗文化旅游最具重要意义的一年。这一时期，民俗文化旅游作为一种新的旅游形

① 转引自骆高远主编．观光农业与乡村旅游［M］．浙江：浙江大学出版社，2009.

式，开始引起各界的重视并逐渐得到推广，作为风光旅游和历史文化旅游的重要补充而存在，在旅游活动中所占比重较少、规模小、范围窄。

快速发展阶段：1990～1995年。我国的民俗文化旅游逐渐引起全国各界的关注，很多著名的民俗文化旅游景点出现，如深圳的锦绣中华。这个阶段，我国的民俗文化旅游在发展的过程中逐渐多样化，从单一的观赏发展到多样的参与。1995年由国家旅游局主办，各省（自治区、直辖市）旅游局承办的“民俗风情游”，围绕着“中国——56个民族的家”“众多的民族，各异的风情”“探访中华民族风情，难忘神奇经历”等主题口号，在全国范围内开展十大项、数十小项的民俗文化旅游活动。这样把民俗文化旅游作为一个主题，正式打出民俗文化旅游的旗号，大规模地推出民俗文化旅游活动，在世界上是首屈一指的。这意味着旅游界对民俗文化旅游的认识已提高到一个新的层次和高度。从此，民俗文化旅游开始成为我国旅游的主流之一。

深化成熟阶段：1996年至今。我国民俗文化旅游开发不断成熟，与自然观光旅游、历史文化旅游一起构成我国旅游的三足鼎立局面。国家陆续推出的“1998华夏城乡游”“2002民间艺术游”“2003烹饪王国游”“2004百姓生活游”“2006中国乡村游”“2007和谐城乡游”“2011中华文化游”等，都是以民俗文化为核心的旅游主题活动，民俗文化村、生态博物馆、民俗节庆、民俗展演等民俗文化旅游形式大量涌现，民俗文化旅游的规模从小到大，内容从单一向多样化、复合型推进，地域从少数民族聚居区向内地和全国扩展，形式从单纯观光向参与体验发展，旅游者以境外为主到国内外并重，层次从初级水平向专业化提升。

不容忽视的是，我国民俗文化旅游也存在着一些的误区和亟待解决的问题。例如，保护力度不够，保护方式不完善，民俗文化旅游环境受到不同程度的破坏；把民俗文化当成“摇钱树”，一味追求经济效益而忽视社会效益和生态效益，民俗文化旅游开发过度商业化、庸俗化乃至虚假化，损害地区民俗文化形象；一些地方盲目仿效和追随他人，民俗文化旅游严重同质化，等等。当然，只要我们正视这些问题和不足，科学合理规划，着力矫正纠偏，就一定能把我国民俗文化旅游推向新的高度。

在新时代，民俗文化旅游进一步与“一带一路”、乡村振兴、文旅融合、精准扶贫等国家战略紧密结合，必将拥有更加广阔的前景，取得更加辉煌的成就。

（三）主要模式

资源条件不同、地理区位不同、客源市场不同、投资力度不同，民俗文化旅游开发的思路就不一样。目前，国内外民俗文化旅游开发的思路，概括起来大致有以下六种基本模式。

1. 集锦荟萃式

集锦荟萃式指将散布于一定地域范围内的典型民俗集中于一个主题公园内表现出来。如深圳的中国民俗文化村，是中国第一个荟萃各民族民间艺术、民俗风情和民居建筑于一园的大型文化旅游景区，内含 27 个民族的 27 个村寨，均按 1∶1 的比例建成。通过民族风情表演、民间手工艺展示、定期举办大型民间节庆活动，如华夏民族春节大庙会、泼水节、火把节、西双版纳风情月、内蒙古风情周、民族嘉年华等多种方式，多角度、多侧面地展示出我国各民族原汁原味、丰富多彩的民风民情和民俗文化，让游客充分感受中华民族的灵魂和魅力。中国民俗文化村以“二十七个村寨，五十六族风情”的丰厚意蕴赢得了“中国民俗博物馆”的美誉。这一模式的优点是可以让游客用很短的时间、走很少的路程就领略到原本需花很长时间、很长路程才能了解到的民俗文化，其缺点是在复制加工过程中会损失很多原有的民俗文化信息内涵，如果建设态度不够严谨，可能会歪曲民俗文化。

2. 复古再现式

复古再现式是对现已消失的民俗文化通过信息搜集、整理、建设、再现等手段，让游客了解过去的民俗文化。如杭州宋城，是以南宋临安（杭州）为模板打造的一座文化旅游综合体。它以“建筑为形，文化为魂”再现了南宋临安的繁华与富庶，尤其是大型歌舞《宋城千古情》是宋城景区的灵魂，用先进的声、光、电等科技手段和舞台机械，以出其不意的呈现方式演绎了良渚古人的艰辛、宋皇宫的辉煌、岳家军的壮烈、梁祝和白蛇许仙的千古绝唱，把丝绸、茶叶和烟雨江南表现得淋漓尽致，极具视觉体验和心灵震撼。这种模式的优点是可以令时光“倒流”，满足游客原本不能实现的愿望，但也存在着与“集锦荟萃式”类似的缺点。

3. 原地浓缩式

原地浓缩式指一些少数民族村落或民俗文化丰富独特的地区由于时代的发展已在建筑、服饰、风俗等方面有所淡化，不再典型，或者民俗文化的一些重要活动（如节庆、婚嫁）原本在特定的时期才会呈现，令旅游者不能全面、完整、深入了解领会当地民俗文化的特色风韵，当地政府或投资商就特意在当地选取合适地段建设以当地民俗文化为主题的文旅小镇、园区，集中呈现其民俗文化精华。如恩施土家女儿城，位于湖北省恩施七里坪，毗邻恩施市区，交通便利，虽为人造古镇，但它充分体现了人与自然和谐统一，整体建筑风格仿古与土家吊脚楼相结合，囊括了恩施州八县市土家民风民俗，最负盛名的特色民俗相亲活动——“恩施土家女儿会”也落户于此，是全国土家族文化集聚地，也是武陵地区城市娱乐消费中心和旅游集散地。该模式的优点是便于旅游者现场了解当地或该民族的民俗文化精髓，其缺点是在真迹旁边制造“真迹”，会令游客自然形成真假对比，难以构成真正的持久吸引力。

4. 原生自然式

原生自然式是在一个民俗文化相对丰富的地域中选择一个最为典型、交通也比较便利的村落、古镇、老街对旅游者展开宣传和对外开放，以村民的自然生活生产和村落的自然形态为旅游内容，除了必要的基础设施建设外几乎没有加工改造。如广东连南三排瑶寨，位于连南县城南部 11 公里处风光绮丽的三排山脉半山腰上，它是一个集中反映排瑶族历史、文化艺术、生活习俗、居住建筑、服饰特色、民间歌舞、体育娱乐等民族风情最为丰富、最为全面的旅游景区。该模式优点是投资很少，有真实感，旅游者能自然地与当地居民交流，甚至亲身参与劳作，有很大的活动自由度；缺点是难以将旅游开发带来的利益公平地分配给村民，村民的正常生产生活容易受到干扰而可能产生抵触或不合作，也容易产生各种矛盾冲突，可能严重影响旅游质量。

5. 节庆活动式

节庆活动式指有一些特定的民俗文化只存在很短时间，激发短暂的旅游人流。一是传统的民俗节庆活动，如内蒙古的“那达慕”大会、维吾尔族的“古尔邦节”、白族和彝族的“火把节”，其本意并非为了发展旅游业，有其特定的节律性，但在节庆期间会吸引大量的旅游者，而且经过进一步精心打造，往往会成为知名的文旅节事活动品牌。二是流动性的民俗文化表演活动，如贵州组织民间表演队到国外演出松桃苗族花鼓、傩堂戏、服饰艺术等，每到一地都会吸引不少外国民众前往欣赏，进而吸引旅游者前往贵州旅游。三是民俗文化主题与某一特定功能的旅游业设施结合起来，形成相得益彰的旅游活动效果。例如，网师园作为唯一开放夜游的一座苏州园林，是苏州城夜晚最优雅的所在。每年 3～10 月推出的“古典夜园”活动，让旅游者不仅能体验夜色中的园林美景，还能欣赏昆曲、评弹、江南丝竹等地方民俗文化艺术表演，很受好评。

以上五种模式可以归并为两大类：前三种模式是“博物馆类”，是以分散的民俗文化作为集中展示的对象，以重现历史或异地民俗文化的丰富多彩和博大精深；后两种模式是“活态展示类”，注重就地发现，就地开发，尊重原态。

（四）典型案例：陕西咸阳袁家村

袁家村，位于陕西关中平原腹地，隶属于咸阳市礼泉县烟霞镇，在西安的西北方向大约60～70公里，距唐太宗李世民的昭陵大约15公里。早年因干旱贫瘠，是有名的“烂杆村”；20世纪80年代，曾大力兴办企业，成为“富裕村”；而90年代，国家调整产业政策，淘汰落后产能，村办企业陆续破产倒闭，2000年前后，成了一个“空心村”。2007年以来，通过一系列自主创新实践，以呈现特色鲜明的文化主题——“活着的关中民俗文化”为切入点，严格把控村庄和景区环境，创建民俗、民风体验一条街，恢复建成以康庄老街为主体的关中印象体验地，逐步探索出了一条破解三农难题、实现乡村振兴的新路径，获得“中国十大美丽乡村”“中国传统村落”“中国魅力乡村”等荣誉称号。2018年，袁家村62户不到300人，却会聚了千余名创客聚集此处，吸纳3 000多人就业，带动周边数万农民增收，年接待游客达500万以上，旅游总收入3.8亿元以上，村民人均纯收入10万元以上。袁家村的发展思路和成功经验被总结为“袁家村模式”，在全国产生了重大影响。

纵观袁家村民俗文化旅游的发展，反映的是陕西农村的兴衰，同时也折射出中国广大农村面临的发展困境和历史机遇。袁家村不止提供了一个成功的商业模式，而且是一个解决三农问题的创新者，是乡村振兴的实践者。

1. 专注于关中民俗和乡村生活

2007年的袁家村，是一个地地道道的关中自然村，没有什么旅游资源。能有现在的成就，最大的立足点就是因地制宜，专注于本来的样子，专注于自己能做的——要做就做关中地地道道的农村生活。当年只用了半年多的时间，袁家村就建了一个“景区”，其实就是一条100多米的街，里面很少的门面，几家农家乐，几个老作坊，总投资不过40万元。但是在对关中民俗、乡村生活的恢复上，却做到了极致，这条街上绝对看不到一个塑料口袋、玻璃杯、不锈钢，只要是现代生活的东西，都不能出现。袁家村的民俗是“活化”的，是能产生经济效益的，油坊是在榨油的，磨坊是在磨面的，是原始、真实、纯粹的民俗。而重建乡村生活，更是要保留农民的生活方式，真正做到“村景一体、全民参与”，百分之百的全村参与，所有村民都是经营主体，所有人都是对外开放的，游客可以自由地进村入户。而这种回家一样的充分释放的感觉，在其他任何的地方都是没有的。

方向和思路对了，很快就能看到成效。2007～2011 年，袁家村的客流量接近 100 万人。2012 年以后每年都在以 100 万的数字递增，而且突破了乡村旅游很难日常均衡化的瓶颈，现在每天托底都是 1 万的客流量。从根本上来讲，以“人”为核心要素，以村庄为载体，以农民为主体，恢复了关中民俗，重现了乡村生活，这才是袁家村成功的根本原因，也是袁家村最难以复制的地方。

2. 三产融合，形成全产业链模式

袁家村的产业路径是先发展三产，然后三产带二产，之后出一产。即一开始，是通过低成本打造的、一个农民的创业平台，发展乡村旅游；之后，所有的项目无论好的差的，都要经过市场检验；最后发现好的，再培育、扶持，把这些项目逐步的产业化。比如，“油泼辣子”，最早是景区里设置的一个农村生活场景表演项目，用一头老黄牛拉着石磨磨辣椒面，磨好后放进瓦罐里，一个妇女在旁边用烧开的菜籽油，往上一浇，香气就出来了，引得游客纷纷掏钱购买，越卖越多。供不应求后，袁家村扩大了生产，将其变成二产加工项目。后来需求量更大了，袁家村就在陕西一个辣椒产地建立基地，并不断扩大。就这样，袁家村自己不种辣椒，但是现在却给全省的辣椒定价。通过这样的方式，袁家村实现了自己的三产融合。

经过 10 多年的发展，袁家村建立村民与商户共同创造财富的多元化、多业态、全产业乡村生活服务产业体系，形成“种、养、加一体，看、玩、吃、买、住全套”的乡村旅游产业链。从关中民俗旅游，到发展乡村旅游，再到现在发展农副产品产业链，袁家村不只是关中民俗和美食荟萃，而着手开发更多的文创IP，吸引了更多有创意的文艺青年和人士来建设各种特色客栈。如今，袁家村·关中印象体验地已形成10条特色街区，6 000多家特色商户，120多家休闲客栈、特色酒店、农家宾馆的乡村休闲产业规模，并已在西安开设都市店4个，年营业额1.5亿元，开创了乡村都市同步体验袁家村风情、乡村旅游产业链相互延伸的全新发展模式。

3. 统一规划管理，合作共赢

首先，高点定位，请专业团队编制总体规划、专业规划，用规划定位景区特色，用规划明确重点村的发展方向。以民风、民俗体验一条街为大主题，传统作坊参观、体验为亮点，分区域展现不同功能（小吃、酒吧等），形成了集娱乐、观光、休闲、餐饮于一体的关中印象体验地。注重营造关中文化，营造关中风情体验氛围，吸引游客注意力，让游客有想要体验的欲望。

其次，管理统一化，为村民提供统一的店铺，不收租金，免费开店。设计招商与招商同步，当袁家村决定要建设小吃街时，先找到60家商户，确定各家小吃的品种和要求后，一家一户按要求建设，最终形成小吃街，一家一个品种，突出特色避免恶性竞争，积极推动多样经营形式。袁家村因关中小吃而走红，所以高度重视食品质量监管，全部食品原材料由袁家村统一采购，从源头保障食品的安全，确保原材料来源追溯；不允许私自从村外采购，一经发现取消经营资格；每月对食品卫生进行大检查，得分最低的商户停业整改3天；所有店主在门口竖牌子发誓承诺绝不生产假冒伪劣产品，由此筑起了袁家村整个信任体系。

袁家村的小吃街虽然定位每家每户卖的不一样，但有的人经营能力很强，或者选的产品好，很快挣到了钱，其他家选的产品不好，或者经营能力差，不挣钱，矛盾就出来了。比如一条街上有人卖酸奶可以年收入几百万，而农家乐累死累活可能只有几十万。这个时候，如果没人管没人组织，很快全村都会卖酸奶。袁家村解决收入平衡问题的办法，就是把每一个做得好的项目合作化。比如让原来做酸奶的人，作为发起人成为大股东，出让一部分股份给其他村民入股。如果该家不愿意合作，他依然可以继续在他家卖酸奶，但袁家村会做一个大的合作社，由其他村民入股，这个合作社可以用袁家村的品牌，可以在景区里任何一个地方设点。而对于收入不高的项目，每一阶段最后几名的项目都要重新调整，还有一些项目每年可以拿到几万元的补贴。袁家村通过股份合作，盘活存量资源，村集体、经济组织和村民形成利益共同体，实现三方受益，为乡村振兴发展提供了成功样本，为共同富裕提供了有力实践。

（案例来源：根据“什么是‘袁家村’模式，袁家村为什么会成功?”（https：//www. sohu. com/a/238530540_801793. ）等网络文献和作者实地调研进行整理。）

三、主题公园旅游

（一）发展渊源

主题公园（theme park）是一种包括游乐、游戏、表演、影剧院、展览、商业等业态的主题游乐式文化旅游项目。自沃尔特·迪士尼（Walt Disney）1955 年在美国加利福尼亚州建立了第一座迪士尼主题乐园以来，主题公园的概念和模式迅速普及，得到资本、行业和市场的青睐，全球涌现出主题公园的投资热、经营热和消费热。主题公园以文化主题和文化体验为核心要素，是文化、旅游、休闲融为一体的新兴业态，自 20 世纪 80 年代进入我国以来迅速发展。我国比较成形的主题公园可以追溯到深圳在80年代末、90年代初兴起的微缩景观园区，如世界之窗、锦绣中华、中华民俗村等。但随之兴起的主题公园热潮迎面碰上10年左右的漫长沉寂期，不断遭遇泡沫破裂、行业洗牌。2002年，以深圳欢乐谷二期建设为标志，我国主题公园进入新的发展阶段，本土主题公园品牌萌生，发展迅速，海外主题公园品牌涌进，抢滩中国，市场再次点燃主题公园的投资和消费热潮。结合我国主题公园发展的实际情况和规范发展、规范管理的客观需要，我国出台了国家标准《主题公园服务规范》（GB/T 26992－2011）。根据该标准，主题公园是指“围绕一个或多个主题元素进行组合创意和规划建设，营造特定的主题文化氛围，采用现代科学技术和多层次活动设置方式，集诸多娱乐活动、休闲要素和服务接待设施于一体的旅游文化娱乐场所”。

主题公园是现代文化旅游重要组成部分。不同于以传统资源为基础的文化旅游发展思路，主题公园以主题为中心，主题即文化IP，实施创意策划、投资开发，具有强大的文化娱乐功能、提供新颖的旅游空间、拓展丰富的业态组合，在满足新时代消费者对文化创意、参与互动的需求方面形成了得天独厚的优势。一旦主题公园的品牌影响力形成，将有效提升城市地块开发潜力、提高地区知名度、促进地区经济增长，其综合效益将充分发挥。如今，主题公园作为我国城市公园的特定类型，面向消费者提供主题鲜明的文化旅游空间、丰富多样的文化体验类型，充分满足了人们在文化创意、互动参与方面的多样化需求。主题公园已经成为吸引资本的重要领域，目前国内约有300家投资在5 000万元以上的主题乐园[①]，根据全球规模最大的国际游乐园及景点协会（International Association of Amusement Park and Attractions，IAA-

① 刘宝亮．九成主题公园不盈利：缺文化？缺故事？［N］．中国经济导报，2018－05－23（003）．

PA）2016年统计，亚太地区主题公园前20位中，我国主题公园占比达到65%①，反映了我国对主题公园投资建设和消费追捧的热度。咨询公司欧睿国际发布的《世界旅游市场全国趋势报告》预计，2020年我国主题公园零售额将达到120亿元，日均游客量将超过3.3亿人次，成为全球最大的主题公园市场②。

（二）政策规范

主题公园围绕文化IP创造，在文化内涵挖掘与创新、文化价值转化与传承方面具有突出作用，是促进中华优秀历史文化创造性发展和创新性转化的有效途径，能助力国家文化软实力建设和国家形象传播，是文旅事业和产业发展的重要组成部分。我国“十三五”规划提出，“大力发展旅游业，支持发展生态旅游、文化旅游、休闲旅游、山地旅游等”，将主题公园旅游纳入文化旅游的战略部署中。2018年3月，国家发展改革委等5部门发布了《关于规范主题公园建设发展的指导意见》（以下简称《指导意见》），指出了近年来主题公园建设发展中出现的概念不清、盲目建设、模仿抄袭、低水平重复等问题，要求主题公园要做好文化与科技的融合，使主题公园的发展契合城市化、科技化、全球化三大发展趋势，积极推动主题公园的可持续发展。《指导意见》对我国主题公园的类型进行了区分，指出我国主题公园分为三大类：以大型游乐设施为主体的游乐园、大型微缩景观公园、各类影视城和动漫城。

（三）发展模式

1. 主题公园IP创造

主题公园的知识产权（intellectual property，IP）创造，一方

① IAAPA. 2016 TEA/AECOM Theme Index and Museum Index Reveals Thriving Industry，http：//www. iaapa. org.

② 陈小兵、叶乃馨、封寿炎．文化产业IP助力打造主题公园品牌［J］. 南方企业家，2017（12）：89－91.

面指对文化主题和文化符号资源的开发利用，如开封宋城对宋朝市井文化、商业文化的利用，特别是对《清明上河图》符号资源的利用与再现，形成了自己独特的文化 IP。另一方面指主题公园自身识别系统的设计与创造，包括理念识别、视觉识别、行为识别三个子系统的开发。

主题公园的 IP 创造意味着围绕 IP 建立一个 IP 核心辐射周边的产业关联链条，形成“多平台共通叙事”的业态组合。西方主题公园的 IP 创造较多利用影视作品和文学故事，如迪士尼乐园、环球影视城等，并有资本助力，在全球扩张迅速，影响深远。我国现有主题公园较多挖掘历史文化内涵，以优秀的中华传统文化为依托进行 IP 创造，如西安的大唐芙蓉园、杭州宋城、开封宋城等。新兴的一批本土主题公园如今也注重对影视、动漫等流行文化 IP 的创造、并购与开发，形成影视资源与主题公园跨界整合的新趋势。海昌极地海洋公园曾拍摄关注特殊群体的电影《海洋天堂》，后又与中央电视台电影频道联合推出原创性影视 IP《白鲸之恋》，借助影视传播提升主题公园文化 IP 影响力。广州长隆集团旗下的主题公园积极与影视和综艺节目制作对接，加速主题公园 IP 资源在旅游消费中的变现。华强方特初始阶段侧重于科技特色，较多利用科技手段提升游乐体验，形成自己独特的 IP 形象。现在注重 IP 创造，将有独立版权的《熊出没》IP 元素植入到方特系列主题乐园中，强化了 IP 持续而强劲的影响力和商业价值。

2. 主题公园区域开发

主题公园区域开发是一种多业态组合、多行业交融发展的综合模式，也是我国文化产业集聚区中最为常见和热门的一种形式，其基本形态是文化创意和地产嫁接，文化旅游和地块开发相结合。从文化生产的角度来看，该模式以游乐项目规划与文化创意为价值原点，聚合与特定文化主题相关的文化企业和文化项目，发展以特定文化主题为内核的多元化文化产业板块，构建复合型文化产品结构，促进所在区域综合发展。主题公园区域开发，不仅建设了文化旅游空间和项目，同时也促进全域旅游目的地和城市建设进程。

主题公园区域开发的代表有华侨城（深圳、北京、上海、成都）、华强方特、广州长隆、长沙世界之窗等。深圳华侨城通过主题公园与旅游演艺的良性互动，使华侨城的旅游表演成为富有创造性的核心产业，获得显著的商业艺术和娱乐文化价值，主题公园的成功打造反过来带动周边地价升值，通过地产项目获得丰厚收益。[①]

以深圳华侨城为代表的主题公园模式，其开发形式在我国发展的特定阶段，符合了旅游业和房地产升级的内在需求和市场需求趋势，对区域提升也起到了积极的作用，但现在也面临诸多问题和挑战。最为显著的问题就是文化产业成为房地产的附庸，需要增强文化创意在主题公园园区建设的附加值和比重。其次容量偏小，资源整合度不足，与形成产业集群效应、尽可能地拉长产业链、实现龙头带动整体的发展目标不够匹配，难以体现文化产业链的长效延伸过程中的倍增效应。此外，主题公园目前的发展有同质化的态势，文化定位的差异和比较优势不够清晰，差异化设计与经营仍有待进一步深入、细化。主题公园模式未来发展需要进行合理的功能定位、打造高识别度的主题公园、产业链的交叉式设计以强化聚集效应、注重品牌的综合优势、形成有效的赢利模式等。

（四）典型案例：华侨城欢乐谷、华强方特

1. 华侨城欢乐谷

欢乐谷是深圳华侨城集团旗下主题公园，在我国主题公园发展中具有典型性和代表性。华侨城集团成立于 1985 年 11 月 11

---

① 李蕾蕾，张晗，卢嘉杰，文俊．王玺瑞旅游表演的文化产业生产模式：深圳华侨城主题公园个案研究［J］．旅游科学，2005（12）：44－51.

日，是一家隶属于国务院国资委的大型中央企业。经过 30 多年发展，华侨城集团成为一个跨区域、跨行业经营的大型国有企业集团，培育了房地产及酒店开发经营、旅游及相关文化产业经营、点子及配套包装产品制造等国内领先的主营业务。自 1990 年代中后期开始，华侨城着力调整产业结构，通过企业重组、兼并等手段将业务集中在家电、旅游、房地产等几个重点产业领域，促进优势企业成长，其中旅游业、房地产业、家电业成为集团主业，产业结构升级为优势互补、相互助力的产业集群。

华侨城集团以都市文化特色为文化产业发展方向，确立了“中国最具创想文化和影响力的企业”这一发展定位，先后推出锦绣中华、民俗文化村、世界之窗、欢乐谷等文化旅游企业。欢乐谷是华侨城集团经营的国内第一个主题公园连锁品牌，在我国形成了“深圳—北京—成都—上海—武汉”的全国性战略布局，并且在其目标市场儿童家庭市场上形成了明确的市场定位和突出的品牌影响力。

华侨城集团是我国主题公园旅游发展的尝鲜者，也创造了包括欢乐谷在内的一系列国内知名主题公园，其发展历程是 20 世纪 90 年代以来深圳城市变迁的缩影和发展示范。华侨城集团从最初的加工业主导型开发区转型发展为带动区域开发的文化和旅游产业集群，其发展经验可以从以下几个方面解读。

（1）文化维度：都市文化的创立与创新。华侨城的发祥地本是深圳特区的城乡接合部，历史文化资源匮乏，曾被斥为“文化沙漠”，发展文化产业具有先天不足。但深圳是我国改革开放的前沿阵地，在改革开放中积累了开放、融合的文化精神，在全国乃至全世界具有代表性意义。华侨城的文化产业是在都市休闲文化旅游中孕育发展。随着锦绣中华、世界之窗等一系列主题公园的成功，华侨城开始反思其成功的道路，开始从战略高度探索文化旅游和文化产业的发展方向。自此，华侨城以城市休闲文化体验为理念，对深圳开放型城市文化资源进行创意开发，以现代都市人文精神为内核，打造了具有特区特色的、现代的、民族的、国际的包容性多元文化形态，并积极利用这一“新文化资源”构建了融旅游、娱乐、艺术、商业、人居为一体的现代化多功能产业聚集区。

（2）产业维度：产业集群的构建与转型。华侨城集团目前是一个跨行业、跨区域的多元化产业集团，也是一个依托于华侨城区域的产业化发展平台，产业发展的成功源自其产业结构转型的成功。在20世纪90年代中期，华侨城集团是一家拥有上百家企业、几乎无所不包的大型综合性集团公司，但并未形成自己的产业规模和经营格局。因此从1994年开始，华侨城集团启动了产业结构调整战略，把握家电通信、旅游、房地产三个重点产业领域，为优势产业的发展腾出了资源和空间。这次调整确立了华侨城集团成功的产业基础，保留下来的几个重点产业领域形成了该区域和畅共荣的产业集群：旅游业创立了中国主题公园旅游目的地第一品牌，决定了产业集群的态势高度；酒店业确立了旅游业产业化、规模化的发展方向，拓展了产业集群的分离宽度；文化产业确立了旅游业发展的创意品质和文化内涵，决定了产业集群的持续能力；地产业确立了旅游主题地产模式，决定了产业集群的扩张和盈利能力；家电业确立全球范围的世界级电子企业形象，决定了产业集群的扩容速度。在华侨城的产业集群中，旅游业、文化产业、酒店业、地产业深度融合，创立了“旅游+地产”的商业模式，用文化激活区域产业的集群效应，用地产来转化、实现旅游的潜在价值，用文化旅游和旅游地产来展示区域创造、积累的文化符号。“旅游+地产”的商业模式进一步巩固了集团的竞争优势。这种优势来自华侨城的产业布局优势：其一，“以园拿地，以地养园”，通过旅游和地产资金之间的互补降低土地收储成本、缓解资金压力；其二，旅游与地产两大产业相互助力，分散、规避运营风险；其三，通过主题公园的建设和运营最大限度地对地块价值进行提升，实现综合商业价值最大化。

（3）品牌维度：品牌体系的构建与输出。华侨城从创立之初就关注品牌的设计和运营。第一个品牌源自心形雕塑，取意“五洲一心”。1994 年，华侨城开始在国内双线启动 CIS 导入工程，确立了打造全国旅游第一品牌的目标，到 1995 年正式导入 CIS，废除了第一阶段的品牌标志雏形。此时华侨城的品牌建设反映了该集团转型期的文化理念，第一次明确“创造新的生活品质”这一核心价值理念。进入新世纪，华侨城的成长越发快速，各大核心业务的迅猛发展要求子品牌建设的跟进。此时华侨城开始构建区域品牌和子品牌共同成长的品牌体系。2005 年，香港 IG 扬特公司为华侨城做品牌规划顾问，全面启动品牌体系规划、建设。新时期的品牌战略中将“提供优质生活的创想家”作为品牌定位，确立了“创想无限”的品牌识别和“人本、创造、坚定、卓越”的品牌个性，奠定了华侨城在全国战略布局、实现全面扩张的重要基础。

（4）市场维度：全国战略布局与市场辐射。基于全球经济大趋势和全国产业布局的大视角，华侨城将在深圳积累起来的产业集群、品牌体系、“旅游 + 地产”的商业模式等无形资产进行重新整合，借助深圳作为改革开放前沿阵地所具有的社会关注度，拉长这种社会影响力并吸引更多的社会资源，开始在全国进行战略布局和市场辐射。

华侨城在全国的扩张路径是“立足深圳，北上北京，东进上海，挥师成都，进入三峡，中驻武汉”，通过规模放大、管理输出、品牌连锁、业态混合等方式在全国进行战略布局。目前，华侨城以“创想文化”为引擎和高端战略，以主题公园、旅游地产为龙头，走上了华侨城品牌体系承载之下的空间扩散和快速成长道路。

2. 华强方特

深圳华强文化科技集团有限公司是一家大型文化产业集团，在国内首次开辟科技与文化相结合的文化产业发展道路，创立了以“文化为核心，以科技为依托的”华强方特模式，先后获评第二届和第三届“中国文化企业三十强”“全国十大最具影响力文化产业示范基地”“国家文化产业示范基地”“世界知识产权组织版权金奖（中国）推广运用奖”。

（1）华强方特业务领域覆盖创意设计、文化旅游、影视娱乐、网络媒体、文化消费品五大领域，以及创意设计、主题公园、特种电影、数字动漫、影视出品、影视后期、网络游戏、电视联播网、文化衍生品、主题演艺、旅游服务业十一个专业方向的企业，各业务领域优势互补，互为上下游，互为发展平台。华强方特的自主创意、自有知识产权等科技研发优势充分渗透到文化产业领域，包括以下几方面：

①文化科技主题公园：依靠自主意识和自由知识产业而建设，分布于芜湖、泰安、汕头、重庆，还输出到伊朗、南非、乌克兰等国家。

②数码电影技术：研制出十大类特种电影，其中环幕 4D 电影系统已输出到全球 40 多个国家和地区，4D 影片每年出口 20 余部。

③原创动漫“方特卡通”：实现了二维、三维动画片规模化生产和出口，动漫产品 2011 年产量达到 18 512 分钟，位居全国产量冠军，累计超过 10 万分钟作品出口美国、意大利、俄罗斯、克罗地亚、新加坡等 100 多个国家和地区。

④影视剧制作：通过国际化合作、国际发行的模式来提高中国电影进入国际电影主流市场，并提出资源性投资的发展策略，打造国际先进的影视技术平台，先后投拍了两届奥斯卡影帝 Kevin Spacey 主演电影《形影不离》以及《未来警察》《古今六人行》等多部电影电视作品。

（2）在市场化、产业化、规模化发展方面，华强方特立足国内、走向国际，目前已在沈阳、芜湖、青岛、湖南、郑州、厦门建立具有文化产业规模化生产功能和展示功能的文化科技产业基地，在天津建立国家3D影视创意产业园。

华强方特的发展经验主要有：

①理念定位：文化+科技。华强方特的核心理念是“以文化为核心，以科技为依托”，在国内首次将文化、科技和旅游结合起来，培育了基于科技、研发的核心能力，开创了新的文化产业发展模式。在以美国为代表的发达国家文化产业各个领域与科技的融合取得了良好的效果，发展了新的文化业态和新的表现形式，引领着全球文化产业的发展方向。我国文化产业发展起步较晚，但华强方特借鉴国外文化产业发展的经验，充分利用数字技术、网络技术等现代科技对文化表现形式进行拓展、创新，并不断积累新的文化价值。秉持“文化+科技”的核心价值观，华强方特加大文化科技研发投入，坚持自主创意和自有知识产权，以科技为价值原点，构建了“创（意）—研（发）—产（品）—销（售）”于一体的文化科技产业链，在产业链的上游强化自身的核心竞争力。华强方特的多元化、规模化战略不仅拉长了自身的产业链，实现竞争力和价值链的拓展，同时还将“文化+科技”的上游模式加以推广，获得更有竞争力的规模经济效应和范围经济效应。

②区域开发：乐园+地产。华强方特通过方特欢乐世界、方特梦幻王国、方特酒店等品牌项目将科技、文化、旅游融为一体，其中方特欢乐世界、方特梦幻王国两大主题公园是中国人完全自主知识产权的大型高科技第四代主题公园，从2005年开始设计、建设。国内主题公园始创于深圳华侨城，2005年前后，华侨城的主题公园已初步完成在全国的战略布局，抢占了一、二线城市。华强方特则选择了分布更广、数量更多的三线、四线城市，如芜湖、泰安、株洲等地，与华侨城错位竞争。在发展中，华强方特同样选择“乐园+土地”的方式，通过旅游投资和城市设施建设的投资来增强拿地的竞争力，同时争取地方政府的土地配套等支持。这种方式在三线、四线城市优势较为明显，主题

公园与地产项目相辅相成，使主题公园的运营增加了商业地产和城市运营的色彩。

③市场战略：国内 + 国际。华强方特的文化科技产品，如特种电影、方特卡通以及主题公园已经走向了国际市场，实现国内、国际市场的联动，进一步提高了科技研发的动力和产品生产的规模化效应。这在我国文化产业及园区发展中具有良好的示范意义。

（资料来源：根据傅才武、翁春萌、蒋昕著《文化产业集聚区策划与运营》和企业调研整理。）

四、乡村文化旅游

（一）文化渊源

早在我国的商朝，帝王和贵族奴隶主都很喜欢狩猎，殷墟出土的甲骨卜辞中多有“田猎”的记载。这种在农民田野里打猎的娱乐活动难免会践踏庄稼激起农民的不满。商代后期帝王开始把狩猎活动限制在一定的范围内，四周用垣墙圈起来，在其中派专人饲养禽兽、种植树木、经营果蔬，还有供帝王观赏自然风光的简单建筑物，这就是“囿”。商代帝王的田猎活动是中国乡村旅游活动的滥觞，而因田猎而建的“囿”则可以说是中国最早的乡村旅游产品。

我国自春秋战国时期就有到郊野农村去春游（即踏青）的记载。《管子・小问》记载：“桓公放春三月观于野”，就记录了齐桓公到郊野农村娱乐身心、享受明媚春光的情况，这是我国春游一词的最早出处。

秦始皇统一中国开启了中国 2000 多年的封建时代，他在统制期间大肆修建离宫别苑。秦汉及以后历朝历代的帝王也一直延续在乡村修建离宫的传统，其中著名的乡村离宫有汉武帝时期的上林苑、甘泉宫。康熙在其《御制耕织图》序里描述建造的田园之景：“于丰泽园之侧，治田数亩，环以溪水，阡陌井然在目”。后乾隆皇帝也有命人绘制《耕织图》，将《耕织图》中的田亩环境试图用真山真水复原出来，把关系到国计民生的衣食之本，以拟仿的手法使之融入清漪园中。这些帝王用乡村修建的离宫中经常保留着乡村生活的元素，有专人管理的田地、果园来再现“春耕秋收”和“男耕女织”的乡村生活。离宫体现了帝王对农民生活的关心，也证实了乡村旅游的价值。

1. 古代文人的乡村旅游

自古中国的文人士大夫就热衷于避世佯狂，寄情山水。这种心灵慰藉的方式也让古代文人成为乡村旅游的重要群体。著名的田园诗派诗人陶渊明的《归园田居》其六：“少无适俗韵，性本爱丘山。误落尘网中，一去三十年。羁鸟恋旧林，池鱼思故渊。开荒南野际，守拙归园田。方宅十余亩，草屋八九间。榆柳荫后檐，桃李罗堂前。暧暧远人村，依依墟里烟。狗吠深巷中，鸡鸣桑树颠。户庭无尘杂，虚室有余闲。久在樊笼里，复得返自然。”这首诗在现在看来无疑是一部生动感人的乡村旅游手账。文人士大夫不仅用诗词歌赋展示了中华民族艺术文化的高深造诣，同时也翔实记录我国乡村旅游发展的文化渊源。

白居易在《春游》中写道“逢春不游乐，但恐是痴人。”吴惟信在《苏真堤清明即事》中写道“梨花风起正清明，游子寻春着出城。日暮笙歌收拾去，万株杨柳属流莺”。这些都是描写踏青郊游，欣赏美好乡村风光的情景。唐代著名诗人李白既纵情于名山大川，也沉醉于山野田园，所写《登金陵凤凰台》《早发白帝城》《梦游天姥吟留别》《下终南山过斛斯山人宿置酒》《夜泊牛渚怀古》等名篇中的白帝城、天姥山、终南山、牛渚等都成为当今热门景点。诗人们这些围绕乡村旅游而创作的以寄情山水、体察民情和探亲访友为主题的诗句真实地再现了乡村自然风景和生活场景；另一方面也考证了乡村旅游作为一种文化活动和经济活动一直存活在中国几千年的农耕文化与经济传统中。

2. 乡土中国的地缘文化

费孝通先生在《乡土中国》中曾指出“从基层上看去，中国社会是乡土性的”[①]，同时他也论述了中国人在长期的农业社会中形成了一种“缘”分关系。这种“缘”分除了血缘、亲缘，更多的是由此衍生出的地缘、业缘关系。作为一个有着几千年农耕文明的中华民族，乡村是人们最初的聚居地，它荷载着集镇、城市人群的生长基因。乡村相较于城市关键在于“市”，也就是商业活动。商业活动是血缘关系活动以外发展而来的，地缘是从商业里衍生出来的社会关系。当“血缘”与“地缘”分离时，类似于籍贯概念就成为了一种“血缘的空间投影”。随着城镇化的进程，不同“血缘”的人来到新的城镇形成新的“地缘”，但每个城里人都与乡村存在着千丝万缕的联系，并且时时有意或无意地在维系这种关系。因此，人们对乡村的向往实际是想找回自己“血缘”与“地缘”相融合的情感依恋。因此乡村能对旅游者产生巨大的回归吸引。乡村旅游实际上是对地域、亲缘、血缘关系的维系或重续，是人们找寻心灵归属和精神家园的途径[②]。

3. 乡村景观意象和文化意象

乡村意象是乡村在历史的发展过程中所形成的“可印象性”和“可识别性”的共同心理图像，它主要表现为乡村景观意象和文化意象。乡村景观意象是指乡村聚落形态、乡村建筑和乡村环境等可见的实物所给人留下的外观印象，如福建的土楼、陕西的窑洞、北方的四合院、客家五凤楼，或是依山而建、或临水而居。乡村文化意象相对于景观意象是乡村意象的深层次内涵，它

---

① 费孝通．乡土中国［M］．北京：北京出版社，2011.

② 查芳．对乡村旅游起源及概念的探讨［J］．安康师专学报，2004（6）：29－32.

包括乡村建筑、乡村劳作和乡村民俗等传统文化。如村头的风水石树、古镇的庙宇祠堂；刀耕火种、鱼鹰捕鱼、采藕摘茶；藏历浴佛节、傣族泼水节、汉族清明节等①。乡村意象是乡村旅游的核心资源，也是乡村旅游区别于其他旅游形式的标识所在。世代乡村居民通过对各自乡村意象的维护和服从，才形成深刻的“可印象性”和鲜明的“可识别性”。乡村意象丰富的内涵，让原始清新的乡村环境，独具特色的乡村建筑，生动浓郁的乡村民俗成为乡村旅游绵延不衰的强大生命力。

（二）发展脉络

我国乡村文化旅游随着改革开放40年以来旅游业的繁荣也得到了蓬勃发展。乡村文化旅游在中国大陆兴起于从20世纪80年代，经过20世纪90年代的起步阶段，到2002年后7年的规范阶段，以及2010后呈现出规模化、多样化的快速发展势头，现已进入全面发展阶段，大致经历了五个发展阶段。其形式从早期以“农家乐”形态为代表，侧重于田园观光和农家生活乐趣体验，文化元素含量较低的状态转变为以乡村优美的田园风光、特色建筑、农家小吃、民俗节庆、农事活动作为主要旅游对象的，农业、旅游与文化创意多方融合的新型业态。

1980～1994年这个阶段处于改革开放初期，靠近城市和景区的零星极少数农民，自发举办荔枝节、西瓜节等节庆活动，吸引城市游客前来购买品尝、观光旅游。1987年12月成立“中国农民旅游业协会”，1988年10月，四川省成都市郫都区农科村创办中国第一家农家乐“徐家大院”，乡村旅游初具雏形，1990年“中国农民旅游业协会”更名为“中国乡村旅游协会”，该协会大力发展具有中国特色的乡村旅游事业，促进了我国乡村精神

① 熊凯．乡村意象与乡村旅游开发刍议［J］．桂林旅游高等专科学校学报，1999（3）：47－50.

文明和物质文明建设，为中国乡村旅游业的萌芽发展做出了贡献。

1995～2001年，我国城市化步伐加快、居民经济收入提高、消费结构开始改变，城市居民在解决温饱之后，有了观光、休闲、旅游的需求。随着1995年“双休日”的推行，1998年“乡村游”的口号宣传，1999年春节、“五一”“十一”七天长假以及2000年“黄金周”的推行，居民的旅游需求得到释放，靠近大、中城市的一些农村和农户利用当地特有的农业资源环境和特色农产品，开办以观光为主的观光休闲农业园或民俗接待户，吸引了大批城市居民利用节假日到农村采摘、钓鱼、种菜、野餐。

2002～2009年这个阶段人民生活水平由温饱逐步转向小康，对休闲旅游的需求开始强烈。突出特点是休闲农业和乡村旅游发展速度快、规模大、数量多，涌现出北京锦绣大地农业科技观光园、河北北戴河集发生态农业观光园、江苏苏州西山现代农业示范园、福建武夷山观光茶园等一大批观光休闲农业园区。2002年《全国农业旅游示范点、全国工业旅游示范点检查标准（试行）》发布，是推进农业旅游、工业旅游实现产品化建设和产业化发展的重要举措；2006年国家旅游局将当年的中国旅游主题定为“中国乡村游”，将发展休闲农业与乡村旅游上升为国家战略，把休闲农业与乡村旅游定位为发展国内旅游的主战场；2007年国家旅游局、农业部为充分利用“三农”资源发展旅游业，全面拓展农业功能和领域，积极促进农民致富增收，决定大力推进全国乡村旅游工作，并发布《国家旅游局　农业部关于大力推进全国乡村旅游发展的通知》。在消费者需求增大以及政策的引导下，乡村旅游开始步入规范成长期。

2010～2016年我国乡村旅游快速发展。2011年，为深入贯彻落实党的十七届五中全会精神，引导我国休闲农业持续健康发展，促进农民就业增收，繁荣农业农村经济，根据《国民经济和社会发展第十二个五年规划纲要》和《全国农业和农村经济发展第十二个五年规划》精神，结合休闲农业发展实际，农业部印发《全国休闲农业发展“十二五”规划》并与国家旅游局签署休闲农业与乡村旅游合作框架协议，标志着政府主管，部门开始介入，积极推动休闲农业标准制定和制度建设，强化政府服务，优化政策环境，引导产业健康发展；2014 年，全国诞生了首批 40 家休闲农业与乡村旅游星级企业，遍布北京、浙江、山东、辽宁等全国 11 个省市，其中包括 15 家五星级企业、13 家四星级企业和 12 家三星级企业。[①] 经过 20 多年的发展和提升，伴随着文化创意产业、农业与旅游业的不断融合，我国乡村旅游已经打造成为一种新型产业，并成为一些地区县域经济的支柱产业和富民产业。乡村旅游快速发展的这一阶段，全国休闲农业和乡村旅游发展风生水起、异彩纷呈，整个产业呈现出快速发展的良好态势。发展的同时，也暴露出一些问题，例如部分企业、园区规划还不够合理，管理不够规范，产品雷同、功能单一，服务质量、从业人员素质亟待提高，等等。

2017 年至今，乡村旅游进入全面发展期。近年来，全国休闲农业和乡村旅游如雨后春笋般蓬勃发展，成为乡村经济社会发展的新业态、新亮点。党的十九大报告明确提出“乡村振兴战略”，描绘出“产业兴旺、生态宜居、乡风文明、治理有效、生活富裕”的乡村振兴蓝图。乡村文化旅游成为乡村振兴的重要驱动力。截至 2017 年，全国休闲农业和乡村旅游示范县已达 388 个，中国美丽乡村已达 560 个，乡村旅游超 28 亿人次，乡村旅游收入达到了 7 400 亿元，[②] 整个产业呈现出“井喷式”增长态势。乡村旅游正在成为扶贫和富民新渠道，其发展也由目前投资和经济主导，向越来越注重乡村文化原真性、乡土性和特色性的“3. 0 时代”转化。同时，我国乡村文化旅游还存在一些亟待解

---

① 人民网，http：//travel. people. com. cn/GB/41636/14142865. html.

② 中国农业信息网，http：//www. agri. cn/zx/jjps/201908/t20190813_7101125. htm.

决的突出问题。在产业内部，仍然存在产品同质同构严重、特色不鲜明，园区重建设轻管理淡服务，基础硬件不完善、配套设施不健全等问题。在外部环境上，还存在个别地方重视不够、人才素质普遍不高、创意创新动力不足等制约因素。总体看，我国乡村文化旅游已进入发展加快、布局优化、质量提升、领域拓展的全面发展阶段。

（三）主要模式

对于乡村旅游模式的划分，目前有多种分法。国家旅游局将乡村旅游模式划分了十大类，分别是乡村度假休闲型（“农家乐”型）、依托景区发展型、生态环境示范型、旅游城镇建设型、原生态文化村寨型、民族风情依托型、特色产业带动型、现代农村展示型、农业观光开发型和红色旅游结合型。也有学者根据不同的标准划分出不同的类型，如根据地理位置分为城郊型和边远型；按照旅游核心资源分为景区边缘型、传统观光型、都市科技型和休闲度假型；根据村落形态划分为水乡型、山地型、荒漠型和滨海型等①。

以下根据对国内外具有代表性的乡村旅游案例梳理，将乡村旅游划分为城市近郊休闲型、农业主题观光型、原生态古村落型、特色农业延伸型和现代创意农场型等模式。②

1. 城市近郊休闲型

这是乡村旅游最早出现并最为普遍的类型。此类项目邻近城市，交通便利，以短途游客为目标受众。每到周末或假期，城市中出游的人群便迅速向城市近郊的乡村扩散，邻近城市的乡村休闲旅游项目因此兴起。“农家乐”休闲旅游是本类型项目发展初

---

① 韩飞，林峰．游在农家：沪地“农家游”模式解读［M］．北京：中国社会出版社，2008.

② 钟晟．旅游策划：理论、案例与实践［M］．上海：华东师范大学出版社，2017.

级阶段的主流。此类项目有如下特征：第一，一般缺乏旅游资源，吸引力较小；第二，以城市客源一日游为主，重游率较高；第三，侧重于田园观光、休闲、农村生活参与和体验；第四，呈片状、轴带状环城市不连续分布，在上海、南京、北京、成都等特大城市周边，甚至形成了一定规模的乡村旅游带。此类项目的发展既满足了中心城市的消费需求，也带动了城市近郊地区的产业发展和人口集聚，促进了郊区城镇化。

2. 农业主题观光型

此类型乡村旅游项目以农业景观、聚落景观、田园景观为卖点，按照资源禀赋的不同又可细分为山地、森林、湿地、海岛和主题农业景观等类别。常见的形式有：花海景观、植物长廊、水面观光等。此类型项目的主要特征是：第一，用地规模大，需要使用大片的土地或水面资源，以形成规模景观；第二，投入少、效益高，既可产生原有的农业生产收入，又可额外带来旅游观光收入，边生产边收益，具有显著的效益回报；第三，体验性强，可开发蔬果采摘、钓鱼捕虾、农活体验等参与性较强的项目；第四，综合效益显著，可集合观光、活动体验和农产品销售为一体，较易打造产业链，使传统的农业生产获得较高的附加值。

3. 原生态古村落型

原生态古村落是指具有较丰富的历史文化底蕴和历史建筑遗存，建筑环境、建筑风貌、村落选址未有大的变动，民俗民风独特且传承良好，至今仍在使用的村落。在农耕时代，乡土文化是中国的社会主流文化，而古村落是中国乡土文化的活的载体。住房和城乡建设部、国家文物局从 2003 年起开始评定“中国历史文化名村”，一些省市也开始评定省市级历史文化名村。2015 年起，一年一度的中国古村镇大会也开始举办，关注中国传统村落保护发展问题。原生态古村落的旅游开发要充分考虑到文物保护和文化传承，保护整体的文化生态系统，留得住乡愁。此类型的乡村旅游项目具有以下特征：第一，数量稀缺，随着农村社会经济的发展，古村落的数量越来越少，分布区域越来越小，而保存完好的古村落更是凤毛麟角；第二，特色鲜明，作为一种传统的居住场所，古村落无论是在建筑形式，还是生活形态上，与当今的一般性农村社区，特别是与城市住区有着显著的差异，易产生较强的旅游吸引力；第三，文化性强，许多古村落兼有物质文化遗产和非物质文化遗产，其形成都有其特定的历史和人文背景，储存了大量的历史信息，是今人感知古代乡村生活的重要途径；第四，客流量受地理位置影响小，尤其在当今的互联网时代，只要文化特色鲜明、吸引力强，再偏远的古村落都会吸引全国甚至世界范围内的游客光顾。

4. 特色农业延伸型

该类乡村项目以某种特色优势农业产业为依托，通过拓展农业观光、休闲、度假和体验等功能，凭借创意进行产业延伸，开发“农业＋旅游”产品组合，带动农副产品加工、餐饮服务、文化创意等相关产业发展，促使农业向二、三产业延伸。此类项目的主要特征是：第一，主题性鲜明，由于此类型乡村旅游项目依托于优势的农业产业进行业态、功能拓展和创意延伸，因此自然而然围绕着一个中心主题进行发展；第二，易形成产业链，以优势农产品的生产为源头，延伸出休闲度假、创意产品、文化体验等产业链条；第三，旅游产品丰富，可产出农产品、文化活动、田园观光、乡村客栈等多种类型产品；第四，与城市互动关系强，乡村与城市之间形成产业互动，在产品需求、环境需求、文化需求等多方面满足城市需要，利用乡村特有的功能去反哺城市，不容易被城镇化的潮流淹没；第五，对营销的要求比较高，需要通过各种营销手段打造名声和品牌，以形成影响力。

5. 现代创意农场型

该类乡村文化旅游项目以农场的乡村风土人情为核心内容，吸引旅游者前往进行休憩、观光、体验及学习等旅游活动。由于农业生产的国情不同，该类型的项目在欧美国家、东南亚国家、日本和中国台湾地区比较常见，在中国大陆地区还很少见，但其运作模式可以作为开发乡村旅游产品的参照。此类项目具有以下特征：第一，知识性强，一般选定一种或多种农牧产品为主题，向游客全面展示其相关知识和生产过程；第二，模式较为固定，一般模式是集农产品生产、主题餐饮、农业观光、DIY 体验、农场住宿和衍生品开发于一身，形成产业链；第三，经营主体单一，一般由一家公司统一进行农场的经营管理；第四，功能分区明显，类似于产业园区的形式，观光、体验、产品售卖、餐饮、住宿等功能均有明确的划分区块；第五，体验性强，以农场体验为核心，游客能够与农田作物、牧场动物亲密接触，同时设计游客自己动手制作的 DIY 体验活动，增强项目的互动性与趣味性。

（四）典型案例：婺源乡村文化旅游

1. 婺源乡村文化旅游发展概况

婺源是位于江西省一个历史悠久、民风淳朴的古县，是古徽州一府六县之一。还是历史名人朱熹和詹天佑的故乡。提到“徽州”就能让人感受到浓厚的中国传统文化气息。而婺源恰恰拥有保存完好的徽派建筑，丰富的历史文化遗产，明清古建筑遍布全县，还有徽剧、傩舞、徽州“三雕”等非物质文化遗产。篁岭、延村、虹关等 28 个村被评为中国历史文化名村。婺源博物馆馆藏当地文物达一万余件，被誉为“中国县级第一馆”。2019 年 2 月，中国地名文化遗产保护促进会确认婺源县为中国地名文化遗产“千年古县”。

婺源是当今我国乡村文化旅游最为成功的典范。其实在改革开放以前，婺源只是一个鲜为人知、未被开发却美不胜收的古县。然而经过二三十年的成长，婺源已经从偏僻的小村落华丽蜕变成独具特色、口碑爆棚的旅游景区，成为通过发展文化旅游从而实现乡村振兴的楷模。2001 年，“婺源文化与生态旅游区”作为一个整体，被评为国家 3A 级旅游景区；2005 年，婺源把“中国最美乡村”作为全县工作的总任务，并全力实施；2008 年，进一步提出把全县打造成为“世界文化生态大公园”的奋斗目标。先后被评选为“国家乡村旅游度假实验区、全国旅游标准化示范县、全国首批中国旅游强县、中国生态旅游大县、国家级文化与生态旅游县”等 20 张“国字号”名片，“美丽乡村、梦里老家”的文化旅游品牌熠熠生辉。

2. 婺源乡村文化旅游发展的主要路径

婺源拥有极佳的生态环境，深厚的文化底蕴以及人文景观和自然景观兼具的优质资源，具有巨大的旅游发展潜力。20 世纪 90 年代初期，已经有外地游客来婺源游玩，但那时候的婺源旅游尚处萌芽阶段，旅游资源还未得到开发，主要是通过散客，尤其是依靠摄影团体向外传播。90 年代末，婺源开始以“中国最美乡村”的口号打出旅游品牌。县政府先后筹集大量资金投入景区建设，一批拥有特点的旅游资源优先得到开发，如亚洲最大鸳鸯栖息地鸳鸯湖、小桥流水人家李坑、国家森林公园灵岩洞等。进入 21 世纪，婺源旅游才真正进入了高速发展阶段，经历了两次标志性的跨越：第一次跨越是 2001 年后由市场自发经营向“放手民营、政府主导”的转变，实现了游客数量和旅游经济收入的跨步提升，游客人次从 2001 年的 24.7 万跃升到 2002 年的 100.4 万，同时旅游收入从 5 000 万元增长到 1.03 亿元。第二次跨越是 2007 年组建婺源旅游集团公司，实现了由社会分散经营向县域旅游资源整合和规模化、资本化经营。

婺源乡村旅游的成功离不开婺源县自身的努力和有利的外界条件。从内因来看，婺源县在旅游开发过程中非常注重生态与文化的共同发展，这是其成功的重要原因。一方面该县不断坚持对生态资源的保护建设，在全县范围内实行十年禁伐天然阔叶林；禁止山塘水库化肥养鱼；在国内首创自然保护小区模式，设立各类自然保护小区；关闭近 200 家有污染的“五小企业”；大规模种植油菜、梨树、桃树等。另一方面，该县注重生态与文化的有机结合，这也是婺源乡村文化旅游发展的核心。在保护优化生态的同时，婺源县还注重乡村旅游的文化内涵：实施文化保护工程，建立健全文物保护管理体制，推进“徽州文化生态保护实验区”建设；坚持“将徽派进行到底”，将全县打造成“徽派建筑大观园”；挖掘板龙灯、傩舞、豆腐架、茶道等民俗文化，成立设有朱子文化等 9 个分会的文化研究会，负责发掘整理全县文化，并将民俗文化融入景区景点；连续举办十届中国乡村文化旅游节，提升婺源乡村文化品牌知名度。

从外因来看，交通和国家宏观政策定位是婺源乡村旅游发展的重要助推力。近年来，交通方式的升级给婺源旅游提供了极大的便利，使婺源旅游的发展得到革命性的突破。2016 年，全域旅游的概念被上升为国家战略，婺源确立了“发展全域旅游、建设最美乡村”的战略目标，将全县作为一个开放式的大景区、大公园来打造，全面提升“中国最美乡村”的内涵品质，努力把每一条公路和河流、每一座城镇和村落都打造成景观景点。从此，婺源乡村文化旅游开始向全域旅游转型，实现从油菜花时节的单一旺季逐渐向全年淡旺季均衡转型，从过境游向目的地和集散地转型，从短期观光游向深度体验游的转型①。合福铁路与九景衢铁路的开通使婺源开启了旅游的“高铁时代”。“中国最美乡村”品牌越唱越响，“生态摇钱树”越长越好，婺源旅游发展呈现持续“井喷式”增长：2017 年，该县共接待游客 2 100 万人次，门票收入达 5. 1 亿元，旅游综合收入达 160 亿元②。

婺源旅游模式依次经历了古村游，赏花游和乡愁游这三个阶段③。

---

① 婺源旅游经济发展历程、模式与对策研究，2016 – 6 – 13. http：//www.360doc. com/content/16/0613/15/16534268_567439168. shtml.

② 婺源：美丽的探寻［N］. 江西日报 . 2018 – 12 – 11. http：//jx. people. com.cn/n2/2018/1211/c186330 – 32392174. html.

③ 董立新 . 婺源乡村旅游的实践对发展全域旅游的思考，2017 – 10 – 6. http：//www. sohu. com/a/196485632_697989.

第一阶段是古村游。在古村游阶段，婺源县政府缺乏财力开发建设当地景多面广的旅游资源，于是确立坚持放手民营的方针，出台了一系列鼓励社会资本参与乡村旅游发展的政策措施，使民营资本投资撑起了婺源旅游产业的一片天空。到 2006 年，婺源旅游基本完成了由市场自发经营向“放手民营、政府引导”的转变，实现了游客数量和旅游经济收入的跨步提升。古村游打造的是安静祥和而又耐人寻味的感觉，游人能脱离城市的喧嚣行走于古香古色的村落，从而得到心灵的解脱、内心的释然。李坑的小桥流水人家是婺源古村游的代表。徽派建筑的古韵、小桥流水的清新与熙熙攘攘的人群构成一幅赏心悦目的水彩画，人与自然完美融合，达到天人合一的境界，吸引着各类文艺爱好者前来游玩、拍摄。

第二阶段是赏花游。从 2007 开始，婺源旅游的发展过渡到赏花游，按照“一个集团、一张门票、一大品牌”的思路，整合全县景区资源并组建婺源旅游股份有限公司，极大地增强了婺源乡村旅游的综合实力和总体竞争力，并探索出了“公司 + 乡村 + 村民”的发展模式，促成婺源乡村旅游的多方共赢、和谐发展。赏花游的宗旨便是让人体会乡间田园生活的惬意、世外桃源的安逸。位于梯田地形的江岭被公认为是观赏油菜花田的最佳去处。油菜花海梯田所构成的婺源田园风光成为婺源旅游的名片、世界级的摄影基地和电影取景地，是“中国最美乡村”的代表作。经过多年的努力，婺源江岭油菜花被打造成为中国最负盛名的油菜花旅游品牌，强大的品牌影响力吸引着全国各地的游客纷至沓来，成为春季全国旅游市场的热门目的地。

第三阶段是乡愁游。婺源对乡村旅游的打造加入了游客对乡间生活的怀念、对家乡的思念之情，满足游客的情感需求。近年，“篁岭晒秋”红遍网络，甚至成为极负盛名的世界级景观。其实晒秋的本意是为了让远行的儿女在寒冬回家时，能尝到家乡四季的味道。游客在篁岭看到晒秋的情景时，乡愁之情不禁涌上心头。整个山间村落饱经沧桑的徽式民居土砖外墙与晒架上、晒匾里五彩缤纷丰收果实组合，绘就出世界独一无二的“晒秋”乡村符号。“晒秋”不仅具有独特的视觉美感，更蕴含着乡愁情怀，对游客具有不可抗拒的吸引力。“篁岭晒秋”成功入选最美中国符号。在“2017 中国休闲农业和乡村旅游大会”上，婺源篁岭成为我国乡村旅游的超级 IP 示范村。2017 年，婺源篁岭先后三次被评为“国内最受欢迎的十大旅游小镇”。

总之，婺源一直以来注重生态保护、历史文化遗产保护与旅游开发的平衡，秉承“绿水青山就是金山银山”的理念，并将文化遗产、生态环境与现代元素进行了创意性的融合，在政府、企业、乡民的合力下，形成了自己独特的旅游模式，成为世界知名的乡村文化旅游品牌和我国乡村旅游成功的典范。

（案例来源：根据汪汉新：《关于婺源旅游业的几点思考》等网络资料和作者实地调研整理。）

五、城市文化旅游

（一）文化渊源

城市文化旅游是以城市文化景观、城市文化设施等为旅游资源，吸引人们在其范围内开展文化体验、观光度假、购物休憩等形式的旅游活动，城市文化旅游以城市为载体，以城市文化为核心旅游资源，是文化旅游的重要形式之一。

中国真正意义上的城市文化旅游可溯源至北宋时期。商品经济的萌芽、市民阶层的诞生、坊市制度的破坏打破了中国古代文化旅游仅局限在统治阶层和士人阶层的旅游身份限制，也打破了以巡游山水、漫游乡村为主的旅游形式限制，居民利用元宵节、清明节等节日进入城市进行商业文化娱乐，成为宋代及以后重要的城市生活图景。随着市民阶层的文化需求的提升，宋代城市中第一次出现综合性文化娱乐场所大兴的局面。瓦子、勾栏风靡于北宋开封街巷路口，瓦子内的商户进行饮食、沽酒、卜卦、剃剪、纸花和赌博等多种经营活动，成为普通市民进行文化娱乐消费的重要场所。而宵禁制度被打破后，逢上元等佳节美时，北宋开封城中夜市人流量增大，众人无论男女官职，均摩肩接踵，整条街道均是游人娱乐，呈现出“花市灯如昼”般万人空巷的民间狂欢色彩，城市夜游的旅游形式第一次在我国历史上出现。商品经济的发展促进中国古代城市向多元化方向发展，至明清时期，中国古代城市旅游已发展成熟，成为近代城市旅游的滥觞。

在近代时期，我国的城市化速度加快，城市的规模、结构、功能均发生了巨大的变化，出现了上海、南京等中心城市，近代城市景观风貌形成，都市生活得到普及，大量旅游消费者已冲破传统的旅游观念，不再局限于山水旅游、古迹旅游，而把城市中政治、商业、文化、教育、民俗都作为旅游的重要内容，使我国近代的城市旅游得到拓展。且在当时独特的时代背景下，我国近代城市的基础设施建设得到了一定程度的完善，城市街道拓宽，夜景灯火辉煌，且出现了大量外资经营或中西合璧的会馆、旅店，城市内的公园和游乐场所建设也快速发展，例如在近代上海市建成的黄埔滩公园、虹口公园、上海跑马厅、丹桂园剧院等，这些新兴的城市文化娱乐设施场所吸引了大量的国内游客。具有文化旅游特征的近代民国城市旅游，为当代城市文化旅游的发展奠定了基础。

在我国当代旅游业的发展过程中，具有集聚效应的城市成为一个区域的政治经济中心，也逐渐成为区域的文化中心和越来越重要的旅游目的地。宜人的城市建筑景观、多样的城市文化场所、独特的城市生活方式、富有特色的城市形象和城市个性成为吸引旅游者的重要旅游资源，城市旅游所具有的文化属性不断加深，城市文化资源成为提升城市旅游吸引力的核心资源，城市文化旅游成为我国旅游业发展的重要部分。

（二）主要模式

改革开放40多年来，我国的城市旅游业已经发展到了前所未有的高度，呈现出多元化发展的趋势。城市在发展文化旅游产业的过程中，优势取决于城市主导的文化旅游资源禀赋，不同城市的区位、性质和特色均存在明显差异，外界对不同的城市也存在各异的认知，例如历史文化名城、花园城市、工商业城市等，因此，不同城市间不同的旅游资源特色生发了丰富的城市文化旅游发展模式。

1. 城市文化遗产旅游

城市是文化的容器。在数千年的人类城市历史中，城市储存、传播并且创造文化，几乎集中了人类所有的物质与精神文明。城市内部的历史文化遗产承载着一座城市建成发展以来的深厚文化内涵与城市市民的共同记忆，具有独特的审美意义和文化价值。因此，在城市的发展过程中保存下来的，具有传统和地方特色的历史环境、历史街区、历史建筑物以及展示城市历史遗存的博物馆、艺术馆等成为人们前往城市探寻当地文化遗产的重要旅游目的地。随着我国旅游业的资源开发从自然景观的原始展示逐渐转变为文化资源的深度挖掘，城市中的文化遗产作为城市重要的文化旅游资源不断受到重视与青睐，从而形成城市文化遗产旅游模式。

我国城市文化遗产旅游模式的发展建立在城市自身的文化生态结构和文化遗产资源基础上，内容极为丰富多样。首先，在城市中的历史建筑与建筑群、历史街区是最直观、最具代表性的城市文化遗产景点。从点状的历史建筑物，如武汉的黄鹤楼、西安的大雁塔，到线状的历史文化街区、廊道，如苏州的山塘街、平江路，再到面状的历史建筑群、古城区，如北京故宫、平遥古城，均是一座城市个性鲜明的文化机理。其次，城市中的博物馆在城市文化遗产旅游模式中占据重要地位，参观博物馆是消费者在城市旅游的一项常见内容。每座城市的综合性博物馆往往承载着一座城市从诞生以来的全部文化记忆，包括发生在这座城市中的重大历史事件、重要的历史文物遗存以及丰富的非物质文化遗产；还有主体内容丰富的专题博物馆，如军事博物馆、工业博物馆、科技博物馆等，它们利用生动的主题也吸引着前来城市进行探访的旅客，在城市文化遗产旅游中扮演着重要角色。除此之外，城市文化遗产旅游模式还包括近年兴起的城市工业遗产旅游，我国许多城市积极尝试将工业遗产变身为旅游景点，例如，利用废弃的 798 工厂厂房建设而成的北京 798 艺术区、由原粤中造船厂厂址改建成的广东中山市岐江公园等已成为我国城市工业遗产旅游的典型案例。

随着我国城市文化遗产旅游模式的创新发展，城市文化遗产与城市创意产业的联系更加紧密，带给消费者的旅游体验更加丰富。通过分析挖掘城市固有的文化资源，处理好城市历史文化遗产的保护与开发问题，因地制宜地发展城市文化遗产旅游模式，可以延续城市的文化脉络，保护甚至提升城市本身具有的独特的魅力和价值。例如苏州的平江路历史街区，该地对码头、石桥、古井等实体文物以及平江路居民生活习惯等非物质文化进行保护与适度开发，打造社区形态的江南城市传统建筑生态博物馆，建设具有浓厚苏州地方特色的文化商业休闲街，是城市文化遗产旅游模式助力城市风貌保护与经济发展结合的生动案例。

2. 城市节事活动旅游

节事活动产生于人与人之间充分的文化交流与互动，城市的节事活动作为一种重要的活动形式，集游览、购物、娱乐、体验、经贸洽谈等多种活动于一体，是城市文化旅游的重要部分。在城市生活中，节事活动作为一种重要的经济、文化活动形式，既充分彰显了城市的独特形象，也活跃了城市的经济文化生活，成为一个城市重要的文化旅游资源，发挥着“依节造势、以节兴市”的重要作用，从而形成城市节事活动旅游模式。

我国城市节事活动的形成和发展，与各个城市的自然资源、历史文化、经济水平有着密切的关系。因此我国城市的节事活动旅游模式发展至今已形成类型多样，形式丰富的格局，可以根据各城市举办节事活动的基本特征具体分为以下几类：以地区的工业产品、特色商品、物产餐饮为主题，辅以其他相关参观活动、表演活动而开展、可以起到带动当地商品交流的重要作用的商贸物产型节事活动，例如中国青岛国际啤酒节、大连国际服装节、西湖博览会、深圳文博会、义乌文博会等；依托当地文脉，以现存的、典型的、特质性的地域文化、宗教活动而开展的历史文化型节事活动，例如淄博国际聊斋文化节、曲阜国际孔子文化节、中国天水伏羲文化旅游节等；以当地具有突出性的地理特征的自然景观为依托，综合展示地区旅游资源、风土人情等的自然景观型节事活动，这类节事活动在开展时一般有相应的文化活动作为补充，例如中国吉林雾凇冰雪节、中国哈尔滨国际冰雪节、张家界国际森林节等；以本民族独特的民俗风情为主题，涉及当地的民族艺术、风情习俗等内容的民俗风情型节事活动，如中国象山开渔节、南宁国际民歌艺术节、中国潍坊国际风筝节等；以城市承办各种大型体育赛事、竞技活动为形式，辅以其他相关的参观、表演等而开展的体育赛事型节事活动，也包括众多富有地方特色和民族特色的民间体育赛事活动，例如，奥运会、亚运会、中国银川国际摩托旅游节等；依托城市优越的经济地理条件，以博览会、展览会、交易会为形式，辅以参观、研讨等而开展的博览会型节事活动，例如，昆明世界园艺博览会、上海世界博览会等；在大型城市举办，综合多种主题，持续时间较长，规模较大、投入较多、效益较好的综合型节事活动，例如，上海旅游节、北京国际旅游文化节等[①]。

---

① 余青，吴必虎，殷平，童碧沙，廉华．中国城市节事活动的开发与管理［J］．地理研究，2004（6）：845－855.

我国城市的节事活动旅游得以发展的最根本动力是中国独特而丰富的文化资源，节事活动的成功举办离不开明确的文化主题与浓郁的文化色彩。例如著名的中国天水伏羲文化节，天水市以伏羲文化为根基，在文化节期间开展中华伏羲文化论坛、“伏羲杯”中国龙舟公开赛、祭祀伏羲典礼、“中华创世神话主题创作”采风等一系列活动，影响范围广泛，使伏羲文化旅游节成为宣传推广天水市的靓丽名片。

在我国改革开放40周年之际，2018国际节事与旅游协作大会暨中国节事与旅游大会召开，共同探讨我国节事活动文化旅游的创新发展与合作，中国当代城市的节事活动，在全面发展旅游的国家战略背景下，充分体现了文化与旅游的紧密关系，越来越成为发展我国旅游产业的重要抓手。

3. 文化创意园区旅游

自改革开放，尤其是进入21世纪以来，文化创意产业在我国高速发展，文化产业已成为拉动城市经济的不可小觑的力量。文化创意产业在城市中集聚化、规模化发展，形成了以创意街区、创意产业园、文化广场为代表的城市文化创意园区，而随着文旅融合战略在全国范围内的提出与推动，文化创意产业与旅游产业相互影响与交融，城市文化空间以聚合力带动周边产业、土地的开发，形成了居住、娱乐、餐饮、购物、休闲等综合商业业态，由此衍生出了我国的城市文创园区旅游模式。

文创园区旅游模式建立在一座城市拥有特色文创园区以及园区周边基础设施的基础上，不同城市的文创园区特色各异，旅游功能各不相同。首先有对城市老旧街区进行“整体保护、有机更新”，从而营造出的风格统一、城市文化特色突出的文创街区。这类街区一般地理位置优越，文化特色浓郁，例如保留了上海石库门里弄的传统建筑风貌，并引进了国际画廊、主题餐厅等现代休闲业态的上海新天地文创园区。其次有依靠城市内的艺术从业者自发集聚而逐渐形成的规模化园区，这一类园区自身产生的艺术氛围是吸引游客参观以及其他业态入驻的重要原因。由于一般艺术从业者的收入有限，他们会选择低价的城市郊区或废弃的工业园区进行聚集，因此艺术类文创园区的建成与发展多建立在城市工业遗产改造的基础上，例如，北京 798 艺术区，前身为原国营 798 厂等电子工业的老厂区，艺术家和文化机构进驻后，成规模地租用和改造空置厂房，逐渐发展成为画廊、艺术家工作室、设计公司等各种空间的聚合，最终成为 SOHO 式的艺术聚落型文创园区，吸引了大量外地游客。除此之外，有通过吸引同类型文化企业和行业集聚及相关产业链汇聚而形成的文化产业园区，在发展产业的过程中同时利用环境和文化氛围带动旅游业发展。例如，杭州的白马湖生态创意城，以动漫产业为主导产业，建设有动漫小镇、动漫广场、创意学院等建筑群，举办了中国国际动漫节、世界休闲产业博览会等大型文化活动，集聚合力效应明显。

随着我国文化创意园区的快速发展，已深度扩展到传统经典文化、艺术与时尚文化、新媒体产业等各个领域，成为城市中进行文化传播与美学体验的重要旅游空间，因此城市文创园区旅游模式在城市文化旅游产业中也占据了越来越重要的位置，2018 年首届中国文创园区与旅游产业融合发展高峰论坛在天津举行，聚焦我国城市文创园区旅游模式的动能和发展趋势，正是建立在文创园区与城市旅游深度融合的背景之上。

4. 文化休闲街区旅游

由于当代旅游消费者越来越不满足于浅层普通的城市风光游览，而是更倾向于进行城市文化的深度体验，文化休闲街区作为城市内生动展现城市文化风貌和生活方式的区域，已成为城市文化旅游的重要空间，受到普遍关注。一般情况下，我国的文化休闲街区呈现出结构开放的空间特征，内部业态类型丰富，多以商业整合文化、休闲功能。相较于城市的其他区域，文化休闲街区多布局餐厅、咖啡馆、书店等小型店铺，公共空间面积较大，尺度更加适宜步行，形态更加自由，目的在于营造具有宜人尺度的、可以再现城市生活场景的、充满生机的城市文化空间，从而满足城市旅游者生活化的街区体验。

城市文化休闲街区的核心要素在于该区域的宜人的物理空间设施、独特的地域文化环境、浓郁的文化生活氛围。物理空间设施是文化休闲街区的基础，小规模、多样化的文化娱乐设施，多功能的街区基础设施与公共休憩场所，可以构建具有生活、生产、消费、文化交流体验等多功能的综合性公共空间。在此基础上，街区的整体建筑风格、标志性景观、视觉标识、街道家具、特色活动等街区文化符号，可以形成独特的地域文化环境。在此基础上，街区商户、创意阶层以及游客消费者，在街区空间内进行面对面交流沟通，举行一系列文化创意活动，使休闲街区内的生活氛围和商业氛围交融共同形成街区独有的文化情境。

在我国城市文化旅游的发展过程中，大量城市兴建文化休闲街区。北京南锣鼓巷、南京夫子庙等历史文化街区是城市古老文明的重要物质载体、当地传统民俗艺术的展示舞台，同时也是城市市民和旅游消费者沉浸体验城市本土风情的重要场所，以及深度融合城市文化生产与消费的城市文化空间。以北京南锣鼓巷为例，作为历经元、明、清三代的重要历史街区，南锣鼓巷保存了大量的古城民居，具有强烈的地域文化特色；在此基础上，文化创意产业、文化主题餐饮等现代创意元素的融入使得其文化休闲功能进一步彰显，成为展示京城胡同文化和创意产业的窗口。而以上海田子坊、武汉楚河汉街、成都远洋太古里为代表的城市文化休闲街区，作为城市重要的现代文化旅游和消费场所，则更加具有自由、时尚的城市文化特征。以成都远洋太古里为例，它利用低密度的开放式街区形态给予旅游者以亲切感，利用艺术作品装置和简约的景观打造增强时尚现代感，利用文化、餐饮、娱乐、商业消费等多种业态提供都市街区体验，场所内的广场、街巷、庭院、店铺等一系列空间与场所内商户、居民、旅游消费者的活动共同建立了一个多元化的文化休闲街区。

不同于城市商务办公区、普通居住区等其他区域，城市文化休闲街区内以创意与波希米亚主义为主导，集文化生活、生产、消费功能于一体，激发城市的文化活力与氛围，带给城市居民与旅游消费者以沉浸式的文化体验，成为城市的独特文化标志。

5. 城市主题公园旅游

主题公园是以创造或引导独特的旅游体验为核心，为满足人们多样化的休闲娱乐需求，由人创建而成的具有特定主题的舞台化的休闲娱乐型旅游资源。[①] 自从美国洛杉矶迪士尼公园于1952年建成开放之后，城市的主题乐园成为人们休闲娱乐的重要场所，得到了人们的普遍认同，城市主题乐园旅游模式在全球范围内进入了发展阶段。在我国进入改革开放新时期后，这一旅游业形态也被引入中国城市文化旅游业中，在20世纪80年代末期开始初步发展，经历了迅速发展和严重挫折之后，已形成了数量众多、类型多样的总体格局。

文化主题是城市主题公园的灵魂，是其个性和特色的象征，统领着主题乐园内文化休闲氛围的营造以及各类娱乐活动项目的安排，是消费者在主题乐园内获得愉悦感、互动感、体验感的源泉。在我国，不同的城市基于不同的文化主题建设开发了风格各异的城市主题乐园。其中有基于自然生态文化主题的青岛极地海洋世界，有利于我国优秀传统文学资源的无锡三国城、水浒城，有致力于打造国内微缩景观集群的深圳锦绣中华主题公园，有基于我国城市历史文化遗产资源的开封清明上河园，也有主要借助机械性、高刺激休闲娱乐设施的上海欢乐谷，除此之外，迪士尼乐园、环球影城等在国际上具有高知名度的大型IP主题乐园也在上海、北京建设落户。城市主题乐园在中国发展到今天，题材越来越多，从主题定位到规模形式都更加成熟，在各大文化主题

---

① 郑菊芬．城市主题公园旅游体验经济效应研究［J］．黑河学刊，2012（2）：7－8.

中也有了更加专业的细分。

在城市主题公园对文化主题的挖掘上，我国优秀的传统文化资源起到了重要作用。我国的城市旅游开发商越来越乐于用主题乐园的形式将我国五千年的文化加以表现，展现其独特的魅力。例如，开封市的清明上河园主题公园，以宋代张择端的名画《清明上河图》为蓝本集中再现原图风物景观，以“一朝步入画卷，一日梦回千年”为文化主题，建设而成大型宋代民俗风情游乐园，消费者在观赏景观的过程中，可以参与民俗风情演出、制作民间工艺品，是我国城市主题乐园充分挖掘文化内涵、功能多样化的成功范例。

随着我国主题乐园开发建设以及运营管理的日趋理性化和规范化，未来我国城市主题乐园的发展将持续劲头良好，过去 10 年（2008 ~ 2017 年），主题公园游客量每年平均增长 13%，预计该市场将持续快速增长至 2020 年。[①] 随着城市主题乐园旅游模式的发展，同时具备科技感、娱乐感、文化感，融观赏性、趣味性、参与性于一体的城市主题公园，可以形成鲜明的旅游感知形象、生成可持续发展的文旅产业链条，进而打造一座城市的文化旅游品牌，对提升城市旅游竞争力具有重要作用。

6. 城市全域旅游

随着经济水平与文化水平的提高，中国城市居民的大众化休闲时代到来，在很多情况下，人们前往一座城市进行旅游已不仅仅只是在各个景点间单向活动，而是把一座城市当作一个整体的大型旅游空间来看待，城市中的社区、街道、商店均是游客进行城市文化旅游的场所，而旅游则成为一种不同于惯常环境的异地生活体验，由此而产生的城市全域旅游模式成为城市文化产业和旅游产业深度融合的标志产物。2016 年 1 月 19 日，国家旅游局

---

① AECOM. 2018 中国主题公园项目发展预测，https：//www. aecom. com/cn/wp-content/uploads/2018/11/chinathemeparkpipeline.

局长李金早在全国旅游工作会议上提出，应根据我国旅游业发展的现实，推动我国旅游从“景点旅游”向“全域旅游”转变[①]，2017年在第十二届全国人民代表大会第五次会议上，国务院总理李克强政府工作报告中明确提出要大力发展全域旅游，“全域旅游”首次写入政府工作报告，全域旅游进入国家文旅融合战略体系[②]。

在城市全域旅游模式下，游客进行旅游消费的不再是城市中单独的景点，而是能对异地游客产生吸引力的吸引物，例如，开放式的城市广场、购物商城中的书店与咖啡馆、夜晚街边的大排档和小吃铺，以及长期居住在城市中的市民所进行的文化活动、社区生活，这些物质的、非物质的城市吸引物都可以是一座城市全域旅游模式下的旅游资源。游客在全域旅游过程中进行逛书店、摄影、欣赏艺术场馆、享用当地美食等休闲体验活动，更多进入的是一个区域，在这个区域各要素均会与游客的感官、视觉等体验产生影响和互动，各要素形成的点、交通串联形成的线，整体印象打造的面在游客的旅游过程中形成交互，从而使得游客获得接近于城市本地人的旅行体验。发展城市全域旅游的过程中，在“城市即旅游，旅游即生活”的观念影响下，政府对公共设施、公共服务的重视程度增强，2018年国家旅游局发布的《“十三五”全国旅游公共服务规划》通知，明确了包括完善旅游基础设施、优化旅游交通便捷服务体系、提升旅游公共信息服务、大力推进厕所革命、构建国民旅游休闲网络、加强旅游惠民便民服务、构筑旅游安全保障网、优化旅游公共行政服务、推动旅游公共服务“走出去”等主要任务。为城市发展全域旅游模式奠定了基础。

---

① http：//www. citure. net/info/2016418/2016418164327. shtml.

② http：//ws. cq. gov. cn/html/content/17/03/30898. shtml.

（三）典型案例：上海、青岛、苏州

1. 上海——都市文化旅游综合体

上海作为最能体现近代以来中国发展历程的国家历史文化名城，同时也是当代我国文化创意产业最发达的城市之一，文化旅游资源丰富，在文化创意产业与旅游产业融合的背景下，上海都市旅游快速发展，引领了我国城市文化旅游的潮流。自 2010 年成功举办世博会后，上海的国际影响力和知名度更上一个台阶，2010 年全市接待游客量达到 22 233 万人次，旅游总收入增至 2 053. 23 亿元[①]。2016 年，上海迪士尼乐园的落户又一次引发了前往上海进行旅游消费的热潮。至 2017 年，全市全年接到游客量达到 32 718 万人次，旅游总收入达到 4 025. 13 亿元[②]，旅游产业已发展成为上海的支柱型产业。

上海之所以可以成为中国著名的文化旅游城市，与其丰富的文化旅游资源关系密切。第一，从整体来看，支撑上海文化旅游全面发展的文化底蕴是独具特色的海派文化。内底自生的传统吴越江南文化，近代与西方文明激荡碰撞而产生的中西合璧文化，改革开放后经济迅速发展而产生的现代都市文化，上海在其自身独特的历史发展过程中，形成了具有相当大的开放性、包容性的海派文化。这一城市文化内涵反映到上海的城市建筑、城市生活以及其旅游形象、旅游产品中，是满足各方旅游者深层次、多样化的旅游需求的重要基础。第二，上海作为我国的经济中心与文化中心，上海国际艺术节、上海国际电影节、上海双年展、中国国际数码互动娱乐展览会、国际进口商品博览会等节庆活动精彩纷呈，宝龙美术馆、上海邮政博物馆、上海博物馆、上海科技

---

① 李萌．基于文化创意视角的上海文化旅游研究［D］．复旦大学，2011.

② http：//lyw. sh. gov. cn/lyj_website/HTML/DefaultSite/lyj_xxgk_lytj_2017/2018 -03 -09/Detail_139660. htm.

馆、上海图书馆等特色文化场馆数量众多、类型丰富，体育场、电影院、歌剧院等文化休闲娱乐场所棋布在城市各处，丰富的文化节庆活动、文化场所是吸引游客前来上海参观游览的重要资源。第三，上海的文化创意产业发展带动了上海文化创意园区迅速建设，大量老城区、工业厂房被开发成为新型的创意街区，包括田子坊、1933 老厂坊、思南公馆、尚都里等，这些文创园区不仅盘活了旧工厂、旧仓库、旧弄堂，也已经成为吸引文化旅游和时尚消费的重要场所。第四，上海的主题公园也是吸引国内外旅游消费的重要文化旅游资源。随着上海迪士尼乐园的落户，上海主题公园市场呈现出“迪士尼—欢乐谷—景江乐园”的国内外品牌兼容格局。尤其是迪士尼乐园填补了内地世界娱乐性主题乐园的空白后，庞大的大陆市场使得上海迪士尼乐园迅速成为上海市的旅游热点，对上海文化旅游业的带动作用非常突出。

2017 年 11 月 1 日，上海召开全市全域旅游工作推进会，提出打造“处处是景，时时宜游”的全新都市型全域旅游模式。支持小型的、贴近生活的、非法定的文化旅游规划项目的开发；把市民城市生活中必要的交通等因素考虑进公共服务建设中；设计旅游产品时，融入商业、娱乐、体育等产业，打造“旅游 +”模式。通过提升公共服务和基础设施建设水平、深挖上海独特的历史文化底蕴和“可阅读的”老建筑资源、打造“上海服务、上海制造、上海购物、上海文化”四大核心品牌等途径，力求通过全域旅游给市民、游客带来真实的获得感。

2. 青岛——滨海文化旅游城市

青岛市地处我国东部沿海地区，是我国著名的海滨旅游城市和历史文化名城，旅游产业在青岛市经济的发展过程中发挥着重要作用。其“红瓦绿树，碧海蓝天”的城市形象作为青岛市自然人文风光的真实写照，深入每一位前来青岛市旅游的消费者的脑海之中。2012 ~ 2017 年，青岛市旅游业持续发展，旅游收入与纳客人数不断增加，6 年内青岛旅游业总纳客量高达 34 387. 93 万人次，旅游总收入 5 514. 61 亿元。其中，接待国内游客 33 729. 8 万人次，入境游客 658. 24 万人次[①]。随着文化产业与旅游产业的融合发展，青岛市在持续发展滨海自然风光旅游的同时，越发注重开发本土的文化旅游资源，尤其是注重开发当地的海洋文化符号与近代遗留的历史人文遗产，致力于促进城市文化旅游的发展。

首先，青岛城市的整体形象色彩鲜亮、节奏明快，城市与山水融为一体，“三面葱茏环碧海，一山高下尽红楼”，绵长的海岸线带给了青岛市不可替代的海洋景观旅游资源，形成了栈桥、海水浴场、极地海洋世界等一系列滨海景点。在发展文化旅游的过程中，青岛市注重将海洋旅游资源与文化的结合，创造出当地特有的海洋文化旅游产品，例如把当地民俗文化与渔业生活与滨海旅游景点相结合，打造田横祭海节、渔俗文化游等一系列文化旅游项目，以自然景观为底色的同时打上文化的烙印。其次，青岛市作为近代重大历史事件的发生地，孕育了大量融合了当地文化特色的历史街区，物质文化遗产丰富，不同历史时期的不同国家和不同类型的建筑点缀于山海之间，形成青岛独特的城市风貌。其中包括集萃大量独特德式风格建筑与优美园林艺术的八大关历史街区、云集中国文化名人故居和近代重要文化机构的鱼山历史街区、保留着近代商业文化气息的中山路历史街区、留存着里院这一青岛近代特色民居建筑形式的四方路历史街区等，当地的历史文化街区、街道、单体建筑、博物馆等文化旅游景点相接，呈现出“点—线—面”的发展格局，是青岛市发展文化旅游的重要资源。除此之外，以海尔集团、青岛市啤酒博物馆等为代表的工业文化旅游景点，以崂山太清宫、湛山寺为代表的宗教文化旅游景点，以 1907 光影俱乐部、东方影都为代表的影视文化旅游景点，以奥帆中心为代表的体育文化旅游景点等均是青岛市发展特色文化旅游的重要资源与动力。

---

① http：//www. sohu. com/a/198497616_102894.

随着2018年上海合作组织峰会在青岛的召开，青岛市出众的地理环境、深厚的历史底蕴和独特的人文传承在国际舞台上进一步展现，青岛市进入“峰会城市”行列，在世界范围内的知名度与美誉度进一步提升。“办好一个会，提升一座城”，上合组织青岛峰会是青岛文化和旅游发展的一次重大契机，青岛在国际上将有更多机会、更大平台，讲好“青岛故事”①。

3. 苏州——历史文化名城旅游

苏州市是吴文化的发源地，2500多年的历史赋予了苏州浓厚的文化底蕴，同时也成就了苏州丰富的历史文化旅游资源。苏州古城中粉墙黛瓦，水网密布，街道依河而建，建筑临水而造，园林、寺院点缀其中，形成了“小桥、流水、人家”的独特城市风貌，吸引游人漫步于城市之中，感受江南水乡风韵。改革开放以来，苏州市的旅游业持续发展，是苏州市第三产业的核心产业。2018年，苏州市全市旅游总收入达到2 601亿元，接待国内游客达到12 848万人次，相较2017年，总收入增加11%，国内游客量人数增加6%，旅游业发展量级稳步提高。② 另外，苏州的文化产业蓬勃发展，已基本形成了以文化艺术、影视传媒为代表的核心产业群，为苏州市进一步发展城市文化创意旅游提供了坚实的产业支撑。

丰富的历史文化旅游资源是苏州发展文化旅游业的基础。其中包括苏州古城内以拙政园、留园、网师园、环秀山庄为代表的108座古典园林，以六朝古刹寒山寺为代表的23处寺庙建筑，以翘脊角、走马楼、明瓦窗为特征的江南传统民居，以及昆曲、古琴、吴歌、苏州评弹等众多的非物质文化遗产资源，这些均是苏州市发展文化旅游产业的巨大优势。以苏州博物馆、苏州园林博物馆等为代表的博物馆建筑群在设计过程中借鉴苏州传统建筑

---

① http：//www. sohu. com/a/235442526_558429.

② http：//www. sztravel. gov. cn/news-detail. aspx？ id＝2019022016593059.

艺术和园林艺术的表现形式，和周围的古建筑融为一体、相得益彰，是众多旅客选择前往了解苏州的文化场所和空间。以山塘街、平江路为代表的传统特色街巷空间尺度宜人，水巷交织，收放自如，以小巷文化、水乡文化串联起苏州评弹、苏州刺绣、苏州传统美食等非物质文化旅游资源，吸引游客行走在苏州的河流、桥梁、街巷之中，进行体验式旅游。除此之外，苏州积极发展周边的周庄、同里、千灯等特色古镇文化旅游，发挥扩散效应，鼓励游客进行深度游览。

在规划城区与旅游景观的过程中，苏州市以“两环、三线、九片、多点”为保护结构，重点保护历史城区内的传统格局与文化风貌，将城内的山塘线、上塘线、城中线开发成为主要的苏州传统风貌展示带，同时在城中心坚持不建百米高楼，规定苏州古城的建筑限高 24 米，确保报恩寺塔始终是古城内的制高点，使得苏州城内的城市建筑风格统一，保留了江南水乡的原始韵味。并且在进行城市的整体规划时，苏州市将店铺招牌、街道座椅、路灯站台、标识系统等细节性的公共设施纳入规划设计范围内，以“粉墙黛瓦、水墨江南”的园林文化为设计理念，使得苏州市内整体的环境风貌融洽而和谐。苏州市提出发展城市文化旅游，需将各类文化和公共设施进行宜游化改造，把单向的文化展示空间转变为互动的城市文化空间，重点发展能让游客感受到苏式精致生活的体验式文化旅游。

六、旅游文创产品

（一）发展概况

旅游活动由“食、住、行、游、购、娱”六大要素构成，与这些要素相关的所有需要付费的旅游活动都可以被称为旅游产品，包括有形的产品和无形的服务。近年来，随着文化旅游消费的繁荣，文化创意产业的发展，旅游文创产品作为一种重要的旅游购物商品，是文化旅游的重要表现形式。旅游文创产品作为一种旅游商品，与一般的旅游商品、旅游纪念品、工艺品不一样，是一种基于某种文化内涵和设计原型，经由文化创意创作开发，具有独立知识产权（IP）的特色旅游购物商品。

改革开放以来，随着境外游客陆续涌进，我国旅游文创产品随着旅游购物消费的发展应运而生。2009 年，国务院发布《关于加快发展旅游业的意见》，提出要发展旅游购物，提高旅游购物在旅游收入中的比重，标志着旅游文创产品进入了政府引导的发展期。国务院于 2014 年发布的《关于促进旅游业改革发展的若干意见》和 2015 年《国务院办公厅关于进一步促进旅游投资和消费的若干意见》都指出应丰富提升特色旅游文创产品、扩大旅游购物消费，由此旅游文创产品市场快速发展。2016 年 2 月 24 日，国务院总理李克强主持召开国务院常务会议，提出要推动文博创意等产业的发展。

目前国内许多地方的旅游文创产品仍以当地土特产、手工艺品为主，对传统文化资源的运用缺少创新和深度价值挖掘，仅仅是对传统文化资源的批量化生产或简单复制，忽视旅游文创产品的创意设计和实用价值，导致旅游文创产品难以激发消费者的购买欲望。不少地方的旅游文创产品趋同，同类别旅游景区的商品大同小异，缺乏鲜明的地方特色，且长时间风格不变。随着大众生活方式和价值观的改变，传统的旅游文创产品已无法满足当代旅游者的需求，正逐步丧失市场。

将文化创意与旅游产品相结合的新型旅游文创产品正越来越受到大众的青睐。2014 年 3 月，发布《国务院关于推进文化创意和设计服务与相关产业融合发展的若干意见》，提出要推进文化资源向旅游产品的转化，支持开发具有地域特色和民族风情的旅游演艺精品和旅游文创产品。众创时代的到来以及国家对于

“大众创意、万众创新”的支持政策也为文创旅游文创产品行业的发展带来了新的活力，许多年轻的创业者投入到了文创旅游文创产品的开发之中，在北京、上海、西安、南京等地已经涌现出了一批兼具文化特色、创意设计和实用价值的旅游文创产品。

文物文博单位开发文创产品正成为我国旅游文创产品的新亮点。博物馆、美术馆等文物文博单位是地方文化资源最为集中的区域之一，运用其馆藏资源开发文化旅游产品既能够凸显地方文化特色，又能产生良好的经济效益。2015 年国务院发布的《博物馆条例》、2016 年发布的《关于进一步加强文物工作的指导意见》《关于推动文化文物单位文化创意产品开发的若干意见》等鼓励文物文博单位开发文创产品的促进政策先后出台，通过机制创新激发文创活力。

（二）产品模式

1. 传统工艺文创产品

传统工艺类的旅游文创产品是以当地传统的民间工艺、传统美术等非物质文化遗产资源为基础，通过现代化工艺改造、外观设计、包装设计和品牌化打造而形成的旅游文创产品。此类型旅游文创产品文化底蕴浓厚，所利用的非物质文化遗产资源都具有悠久的发展历史，多为手工艺人的精心制作，产品质量高，也因此生产量小，价格相对较高。半山泥猫是浙江省第二批非物质文化遗产、杭州市首批民间艺术保护项目。灵猫作为其第五代半山泥猫的形象，在继承原来泥猫神韵的基础上，融入了戏剧脸谱的设计元素，同时做了卡通化的尝试，还生产了用灵猫形象设计的书包、扇子、潮鞋等 72 种创意活化衍生产品，得到不少消费者青睐。不过其弊端明显，由于工艺复杂、产量有限，目前仅限量发行。

2. 博物馆文创产品

博物馆文创产品是博物馆围绕馆藏文物进行创意开发主题性、系列性的衍生产品，各类和馆藏文物相关的手机壳、文化衫、钥匙扣等产品将创意设计与日常生活相结合，兼具艺术性与实用性，大大拉近了典藏与大众之间的距离。国内的博物馆文创博物馆文创发展得最风生水起的当属故宫博物院。从朝珠耳机到故宫口红，故宫文创爆品不断，在开发的短短几年内迅速吸引了一大批年轻粉丝，成为全国各地博物馆的效仿对象。截至 2017 年，中国已有 2 500 多家博物馆、美术馆、纪念馆围绕自己的馆藏产品进行 IP 开发。[①] 实际上，许多世界知名的博物馆在文创产品的开发方面颇有成就，并早已把博物馆文创作为重要的创收渠道。英国伦敦维多利亚与阿尔伯特博物馆（简称 V&A）因别具一格的艺术设计被誉为世界上最时髦的博物馆；大英博物馆艺术衍生品年均营业收入在近两年突破 2 亿美元；美国纽约大都会博物馆在 2017 年的纪念品销售额达 5 608 万美元。[②]

博物馆文创产品的设计灵感来源除了常驻的展品，还会围绕当下的特展开发周边文创商品。如 V&A 博物馆根据近期开展的《Christian Dior：梦之设计师》迪奥特展，推出了带有迪奥元素的钱包、饰品、版画等；大英博物馆的《大英博物馆藏百物展》同样推出了专为特展设计的衍生品。知名博物馆的文创商店往往采取线下与线上结合的营销模式，参观者不仅能在观展后直接于博物馆商店购买商品，还能在博物馆的网上商店购物，大大提升了博物馆的营业收入和游客的消费体验。国内的博物馆“网红”故宫博物院更是有故宫淘宝店来吸金。博物馆文创俨然在当下成为一种流行文化，悠久的历史文物和艺术珍宝以文创产品的形式重新走进人们的生活。

3. 动漫文创产品

动漫文创商品是基于动漫形象开发的衍生品，继而成为旅

---

① 郑娜．如何看大英博物馆“抢生意”，人民日报海外版，2018 年 8 月 2 日第 12 版，http：//paper. people. com. cn/rmrbhwb/html/2018 – 08/02/content_1872142. htm.

② http：//wap. art. ifeng. com/？ app = system&controller = artmobile&action = content&contentid = 3478469.

游文创产品的一大类别。其中较为典型的案例有美国迪士尼公司的文创产品开发。迪士尼公司作为全球最古老的动画公司，从起家时的单一动画电影，逐步发展成由电影、电视频道、戏剧音乐、消费品、主题公园组成的全产业链，并通过一系列并购，拥有了皮克斯、漫威以及星战等一系列新的公司和 IP 所有权。迪士尼公司对优质内容资源进行创新开发，推出了多种主题系列的文创产品。基于迪士尼动漫、影片而建成的迪士尼乐园是将电影中虚拟的卡通人物还原到现实生活中，为游客创造出的奇幻世界。除了主题游乐外，迪士尼乐园内还提供餐饮、旅游纪念品购物，为游客营造完美的旅游体验。乐园里的每一个主题区域会有相匹配的主题旅游商店，销售着种类齐全的旅游文创产品，包括服装、家居装饰、玩具、食品、文具、出版、电子产品。

华强方特集团是我国领先的文化科技企业。近年来，华强方特以文化为核心，以科技为依托，打造“创、研、产、销”一体化的文化科技产业链，提出规模化、多元化、国际化的发展战略，业务分为文化内容产品及服务和文化科技主题公园两大类，其中文化内容产品及服务包括特种电影、动漫产品、主题演艺、影视出品、文化衍生品，文化科技主题公园包括创意设计和文化科技主题公园旅游，形成了优势互补的全产业链，拥有大量自由知识产权，已在国内国际市场上建立强势的中国文化科技品牌。2017 年方特主题乐园以 3 849. 5 万游客接待量的傲人成绩，位列全球主题乐园五强。① 华强方特已在全国投入运营“方特欢乐世界”“方特梦幻王国”“方特东方神画”“方特水上乐园”“方特东盟神画”五大品牌二十余个主题乐园，形成了特色文化旅游品牌。

依托华强方特集团自主研发创作的原创 IP 和主题乐园的旅

---

① http：//www. xinhuanet. com/travel/2018 －05/22/c_1122869728. htm.

游接待基础，将特种电影、数字动漫、主题演艺、文化科技主题乐园、文化衍生品等相关领域有机结合，广泛开展文化衍生品的自主创意开发设计、品牌授权跨界合作、市场销售渠道搭建，已有涵盖玩具、文具、音像图书出版物、服装鞋帽、家居家具、电子产品、食品、体育用品、手游等二十多类约两万余种产品上市销售，极大提升品牌附加值。

（三）发展特征

1. 地方文化创造性转化

旅游文创产品开发要立足旅游地自然和人文特点，挖掘和提升其特色内涵，按照游客需求，开发出文化味浓、个性强的商品以应对市场需求，实现当地旅游经济的良性循环。旅游文创产品开发要体现民族风格、突出地方特色、注重文化内涵，要有独特的创意和良好的质量。生产厂商、设计单位应在旅游文创产品的开发过程中，邀请旅游、历史、文化等相关学科的专家或专业旅游规划设计单位参与其中，全程参与旅游文创产品的市场调研、概念开发、样品开发、市场开发和正式上市。实行旅游文创产品定向开发，避免异位仿造，旅游文创产品在品种、文化内涵、款式等方面应将地域性、民族性与纪念价值和使用价值有机地结合起来，只有在保持旅游文创产品本身的传统主题、特有材质、功能多样、本土工艺和造型别致的基础上，才能促进旅游文创产品产业的可持续发展。常州自古以来就一直以制作篦箕和木梳而闻名，常州梳篦选材精良，工艺讲究，赢得了“常州梳篦甲天下”和“宫梳名篦”之盛誉。如今作为旅游文创产品的常州梳篦工艺更加精良，构思巧妙，绘画精细，既有实用性，又有装饰性，且体现常州地方文化特色，受到广大消费者的喜爱。

2. 文化创意创新性表达

有些种类的旅游文创产品衍生自当地的传统地域文化甚至是

非物质文化遗产项目，这些旅游文创产品则要在挖掘文化的基础上还要注重现代化表达，在传统文化与大众文化消费需求之间，找到贴切的表达方式，对传统文化资源进行创新性活化。旅游文创产品的开发和设计一方面要坚守中华传统文化价值体系，另一方面要找到兼顾地域特色和时代特征的表达方式，做到既符合文化审美情趣，又生动鲜活，得到消费者的青睐，要增加旅游文创产品的创意含量，通过现代的创意设计去重新解读传统文化，让传统文化走入现代人的生活，在当代获得新生。广州长隆野生动物园将熊猫三胞胎开发成卡通形象：萌萌、酷酷、帅帅，便是动物形象通过文化创意进行创新性表达的典型案例。

3. 文化内容 IP 化打造

近年来，IP（知识产权）概念进入了大众视野，并随着 BAT 等互联网公司的建立成熟，从游戏界逐步扩展到了动漫、影视、文学等多个文化创意产业领域。IP 产业包含文学、影视、动漫、游戏、音乐和衍生品市场等基本领域。IP 背后实质是一个泛娱乐市场。泛娱乐指的是基于互联网与移动互联网的多领域共生，打造明星 IP 的粉丝经济，其核心，可以是一个故事、一个角色或者其他任何被用户喜爱的事物。当代旅游文创产品的开发，关键是要创造自主文化 IP，将文化 IP 与数字媒体和互联网相结合，转化成为具有文化价值、消费价值、商品价值、衍生价值的旅游文创产品。

（四）典型案例：故宫文创

作为一个拥有近 600 年历史的文化符号，故宫拥有众多皇宫建筑群、文物古迹，是中国传统文化的典型象征。近年来，故宫博物院以一系列基于馆内藏品别出心裁的文创产品成为文创产业的一张名片，化身成为“网红”。据统计，到 2017 年，故宫文创全年收入达到 15 亿元人民币，是门票收入的近两倍。2018 年 12 月，故宫文化创意产品研发超 1.1 万件。

故宫文创以中华传统文化为根基，运用新媒体平台，采用现代先进技术，以当代年轻受众喜闻乐见的方式打造出独具特色的博物馆文创产品，营造出传统美学的新景观。比如，康熙皇帝手摇“朕实在不知怎么疼你”字样折扇，另一只手比作剪刀模样斜于眼上的卖萌形象，出现在手机壳、T 恤等日常用品上，完全颠覆了长久以来大众心中最高统治者庄严、肃穆的形象，使得遥不可及的精英拥有了普通大众的情感，高贵与贱萌的反差美感吸引了大量的粉丝。故宫淘宝热卖的产品主要有朝珠耳机、八旗娃娃、故宫猫系列、“腰牌”行李牌和印有“朕”系列产品等。

故宫博物院最开始售卖的是馆藏品的复制品，例如，书画和陶瓷等，价格昂贵且并不实用，并未受到大众的关注。在台北“故宫博物院”推出了由康熙真迹复刻而来的“朕知道了”纸胶带获得热捧之后，北京故宫博物院从中借鉴经验并开启逆袭之路。

例如，故宫的文创淘宝店首页的鳌拜画像被重新设计成双手合十托腮卖萌且笑容满面的邻家大爷，仕女图则是比着剪刀手，眨着眼睛的“时髦”女性。故宫的文创产品美学特征就是将严肃和精英主义文化用通俗可亲的方式表现出来，所有形象均是以通俗文化诠释精英美学，以平易近人取代严肃高贵。[①]

故宫淘宝还经常在微博上进行产品的创意性宣传，并与粉丝互动。许多故宫藏品，如画像、塑像等被设计成表情包并配上网络流行语，均引起大量的转发。2015 ~ 2017 年，故宫淘宝视图设计主要走“无厘头”的严肃搞笑风格：戴着墨镜一脸傲娇的康熙皇帝、“奉旨旅行”卡套、顶戴花翎同款头戴式遮阳伞等，新奇的设计和矛盾的美感让故宫的文创商品收割了大批忠实的消费者。2017 年至今，除了“无厘头”式的风格，故宫文创的设计风格趋向清新，如故宫锦色系列笔记本、“千里江山”系列团

---

① 梁茹砚．故宫淘宝：传统美学与新文创景观的互文共生［J］．新闻爱好者，2019（1）：89－91.

扇和书签等；故宫还与别的品牌合作，如和稻香村合作糕点系列，与亚马逊合作故宫联名版 kindle 等。故宫文创既是故宫本身中华文化的象征，具有历史瑰宝的集大成所在的特质，是优秀文明的载体与符号，同时故宫文创商店的各平台注重开放的思想、巧妙的设计、高效的互动，产品实用精美，用户体验良好。北京故宫博物院院长单霁翔曾说："故宫最吸引人的是它厚重的文化底蕴。"故宫文创就是给大众一个"把故宫带回家"的机会。

（资料来源：根据王萌：《故宫文创这样造品牌，多种方式传播优秀传统文化》整理，人民日报海外版，2019 年 3 月 1 日，http：//travel. people. com. cn/n1/2019/0301/c41570 –30951268. html。）

七、文化旅游演艺

近年来，随着旅游业与演艺业的融合发展而形成的文化旅游演艺，正成为文化旅游产业中增长迅猛的新型旅游业态，其对地方经济的发展、产业结构的调整和社会效益的增加都起到了良好的促进作用。文化旅游演艺正成为旅游目的地传承创新优秀传统文化、促进旅游项目创新升级、打造新型旅游市场的重要举措。

（一）发展概况

文化旅游演艺本质上是旅游业和演艺业共生融合的产物，二者具有相互促进、相互影响和互利共赢的关系。对旅游演艺概念最早的提法应该来自 1998 年国家旅游局举办的一个研讨会上，当时称作"主题公园文娱表演"。后来学界根据各自的习惯和需要，提出了不同的叫法，但在称谓上"旅游"和"演艺"逐渐紧密，出现了"旅游演出""旅游表演"和"旅游演艺"等说法，其中旅游演艺的说法比较普遍。文化旅游演艺一般指的是在旅游目的地开展的、针对游客的、有专门的演出人员以及特定的演出场所（含剧院、酒店、大型广场、山水实景等）、以展现目的地历史文化或风俗民情为内容的商业性主题艺术表演。

我国文化旅游演艺最早的雏形是古已有之的集市杂耍，即通过音乐、舞蹈、魔术及博彩游戏等手段来营造气氛、吸引顾客，从事这类生计的庞大群体，统称为江湖艺人。但古典时期的演艺活动主要目的并不是发展旅游业，因此并不能称之为旅游演艺。近现代的旅游作为一项单独的产业发展起来后，演艺项目也开始了其转变后的新发展。我国第一个正式旅游演艺项目应是陕西省歌舞剧院古典艺术团于 1982 年 9 月在西安推出的《仿唐乐舞》，它的成功运行，开启了让历史文化“动起来”的探索之路，自此我国旅游演艺事业拉开了发展的序幕。

随着旅游需求和旅游消费的不断增长，我国文化旅游演艺在市场导向和文旅融合的双重驱动下蓬勃发展，尤其以 2004 年桂林推出的大型实景演出《印象·刘三姐》为标志，此后，国内文化旅游演艺从自发成长转变为“政府引导、企业投资、市场运作”发展模式，发展成为不断与市场需求相结合，不断创新表现形式，深入挖掘地方文化，广泛应用现代科技的庞大产业，产生了重要的文化效益和经济效益。2009 年 8 月，发布《文化部 国家旅游局关于促进文化与旅游结合发展的指导意见》，提出打造当地优秀旅游演艺产品，我国旅游演艺从常规演艺进入到演艺成为独立景点或旅游吸引物的发展历程。

近年来，一些著名的旅游城市和旅游目的地，如桂林、丽江、昆明、泰山、平遥、少林寺、井冈山等，都依托优质自然山水或人文遗产资源，在充分挖掘地域文化的基础上，进行了独具特色的文化旅游演艺产品开发，有效激活了潜在的文化旅游消费市场，成为不断促进优秀传统文化创造性转化和创新性发展，增强文化旅游市场竞争力、促进文化旅游产品更新升级的重要支撑（见表 4 - 1）。

表 4－1　　　近年来影响力较大的文化旅游演艺项目

项目名称	演出地点	类型	内容特色
印象·刘三姐	桂林阳朔	大型山水实景演出	演出以真实的山水景观为舞台，以大自然为剧场，大写意地将刘三姐的经典山歌、广西少数民族风情、漓江渔火等元素创新组合，不着痕迹地溶入山水，还原于自然，成功注释了人与自然的和谐关系，创造出天人合一的境界，被誉为“与上帝合作的杰作”
印象·西湖	杭州西湖	大型山水实景演出	内容紧紧围绕一个“水”字，以水来体现西湖的精髓与韵味，运用高科技手段来展现雨中西湖和西湖之雨的景象，从一个侧面反映西湖的神奇和自然。同时着重于挖掘杭州的古老民间传说、神话，依托实景剧场反映当地传统文化，体现杭州的自然特色、历史底蕴和民间文化沉淀
宋城千古情	杭州宋城	室内立体全景式大型歌舞	以杭州宋城文化为创作源泉，以多种表演艺术元素诠释了杭州的人文历史，创造出华丽而高雅的节目，再现了一个缠绵迷离的美丽传说，一段气贯长虹的悲壮故事，一场盛况空前的皇宫庆典，一派欢天喜地的繁荣景象
印象·丽江	丽江	大型山水实景演出	全剧分为上、中、下三篇，上篇为《印象·丽江》雪山篇；中篇为人与自然的对话，这是目前世界上最长的一次幕间休息，也是对悠久纳西文化的一次观摩和洗涤；下篇为《印象·丽江》古城篇，在丽江古城的夜间演出。实景演出以玉龙雪山的自然风光为天然背景，以纳西民族为主的当地民俗民风构成了演出场景，力图表现散居丽江的十个少数民族的基本生活形态
丽水金沙	丽江	旅游歌舞晚会	以舞蹈形式构成，荟萃了丽江奇山异水孕育的独特高原民族文化现象、亘古绝丽的古纳西王国的文化宝藏。通过择取其中 8 个民族最具代表性的文化意象，全方位展示了丽江独特的民族文化和民族精神

续表

项目名称	演出地点	类型	内容特色
云南映象	昆明	大型原生态歌舞集	一部没有用故事作为结构却包容了所有故事内涵的大型原生态歌舞作品。全剧囊括了天地自然、人文情怀，以及对生命起源的追溯、生命过程的礼赞和生命永恒的期盼
蝴蝶之梦	大理	大型梦幻风情歌舞	以特有的大理“蝴蝶”文化内涵通串全场，整个氛围在梦幻中演绎，给人以强烈的视觉冲击力与艺术震撼力。全剧有五场：序、洱海明珠、三塔香云、苍山叠翠、蝴蝶泉边
香巴拉映象	香格里拉	情景歌舞剧	取材于生活在滇藏文化带上的藏族、纳西族、彝族、傈僳族、白族、汉族等民族原汁原味的生活元素，展示香巴拉民俗、民间乐律、舞蹈、民歌、民族服饰和丰富的自然、人文、宗教、民族传统文化精髓，传承发展民族传统文化，推崇大香格里拉文化品牌概念
禅宗少林·音乐大典	登封	大型实景音乐剧	禅宗与少林，是演出的两大主题，演出以禅宗理念引领少林功夫，使它得到一种精神的提升。它是中国禅宗文化在其发祥地向世界文化的一次召唤，是对佛与人、艺术与宗教、生命本源、人类精神归宿等终极问题的审美探求
森林密码	广州长隆	大型实景式主题马戏	围绕发生在一片神秘热带雨林中离奇故事而展开，通过高超的导演手段再现了一段扑朔迷离的森林密码解密过程。以天人合一为创作核心理念，体现了人与动物、人与自然、人与万物的和谐相处，是一首万物生生不息的美丽生命赞歌，是一出用现代西方艺术手段演绎东方哲学精髓的马戏精品
仿唐乐舞	陕西西安歌舞大剧院	仿古乐舞	是经过现代艺术家们精心钻研，悉心编排的盛唐歌舞表演，不仅在视听方面能够带来美好的享受，也是了解中华民族悠久灿烂文化的一种方式。本剧目由陕歌艺术家们集体创作，晚会由器乐、声乐、舞蹈组成，体现了盛唐王朝百国朝贺、民族交融的鼎盛景象及风土人情

续表

项目名称	演出地点	类型	内容特色
梦回大唐	西安大唐芙蓉园	综合性大型乐舞表演	全剧由序“游园惊梦”和“梦幻霓裳、梦浴华清、梦邀秦王、梦萦西域、梦游曲江、梦回大唐”六幕共七个部分组成，是一台集盛唐风情、歌舞精粹、绚丽奇幻、神秘刺激、狂欢多彩的综合性大型乐舞表演，可谓是现代唐风乐舞之登峰造极的精粹
藏王宴舞	九寨沟	歌舞宴	以公元641年，吐蕃藏王松赞干布迎娶唐朝文成公主，藏汉联姻，藏王设宴，歌舞升平这一场面展开。融合了男女声独唱、舞蹈、民族弹唱、乐器独奏、宗教法舞、大型藏羌服饰展示、观众互动节目等，展现了地方民族文化的精髓
天下峨眉	峨眉山风景区	3D 实景剧	整个演出以自然风光为元素，以佛界、仙景、人文、传说为载体，结合现代化的声光电舞台设备和音响效果，形成了以湖光、山水、舞台、星空、森林为背景的多层次演艺效果，展现了“云上金顶，天下峨眉”的天下第一山的气势
金沙	成都	大型音乐剧	把成都的永陵、三星堆，尤其是金沙考古发现，通过艺术的手段完美地“复活”。三星堆出土的青铜神树，永陵的二十四伎乐，金沙遗址的太阳神鸟金箔、硕大的古象牙、千年乌木……或化身成舞台上布景，或化身为活泼泼的、血肉饱满的人物，演绎出这片古老而富饶的土地上，美丽而浪漫的传说，奇幻如梦，令人浮想联翩
又见平遥	平遥	情境体验剧	把古城的元素和演出有机地融合在一起，迷宫般的剧场有着繁复的空间分割，观众在90分钟的时间里步行穿过几个不同形态的主题空间：清末的平遥城，镖局、赵家大院、街市、南门广场等，从纷繁的碎片中窥视故事端倪，就像一次“穿越”，观众有时像看客，有时又像亲历者

资料来源：钟晟．旅游策划：理论、案例与实践［M］．上海：华东师范大学出版社，2017.

（二）主要类型

结合不同的演出类型，我国目前的文化旅游演艺项目主要划分为山水实景类、综合性歌舞类、原生态民俗风情类、城市传统曲艺类四大类型，四大类型各具特征，各有差异。

1. 山水实景类

山水实景演艺为当代旅游演艺业态创新的典范，也让整个旅游演艺产业倍受世人关注。这类演艺产品的投资成本很大，常借助于高科技手法对当地的民风民俗、神话传说、历史传奇等人文资源进行展示和表演。旅游者置身于自然环境中，愉悦地观赏山水美景，积累人文知识，并在声、光、色等的配合中增强了审美体验。主要表现在以项目所在的地域自然山水为演出背景和舞台、以地域文化为灵魂、以主创团队的创意为架构、以声光电等高科技技术为产品实现的手段所创作出的演艺形态。国内以印象系列产品为山水实景类演艺代表。

2. 综合歌舞类

综合性歌舞表演发源于早期传统的在主题公园内、景区或酒店内进行的各种歌舞、武术、杂技等的综合性表演，经过不断的持续创新，发展成今天具有较大影响力的演艺业态。该类演艺一般采用传统的舞台表演艺术形式，通常对舞台硬件设施和舞美设计有着很高的要求。节目内容主要包括地方文化、民俗风情、历史典故、神话传说等，演出的节目一般都有较高的艺术水准，且场面宏大，演员阵容大，常由专业文艺团体或专业演员承担演出任务，演出时间和地点比较固定，形式新颖、独具特色。国内目前代表性产品有《梦回大唐》《千古风流》《走进延安》《浪漫天涯》等。

3. 原生态民俗风情类

原生态民俗风情表演主要集中在我国西南、西北的少数民族聚集地区，这些地区借助丰富的民族文化资源，以浓郁的地域民族风情为主要元素，通过主创团队整合少数民族地区最具代表性的文化意象，全方位展示了当地的民俗文化和民族精神，从而形成的一种非常具有少数民族地域文脉特色的旅游演艺新业态。此类演艺产品在节目的编排上，无论是演出的内容还是表演的艺术形式都力求原汁原味，民族文化的多元与丰富切合了现代社会人们追求自然、回归传统和渴望真实的精神消费需求。原真性的舞蹈与音乐元素、土生土长的本土演员和极具民俗情韵的道具服装为观众带来了更多的新奇和震撼体验。这类演艺产品以丽江《丽水金沙》、张家界《张家界·魅力湘西》等为代表。

4. 城市传统曲艺类

目前，国内一些具有深厚历史文化底蕴的大城市，积极拓展城市的旅游功能，发掘城市旅游文化资源，并产生了一类各具城市特色的旅游演艺新业态。这类旅游演艺与上述三类旅游演艺业态存在较大区别：第一，它是基于城市传统文脉而形成。第二，它不仅面向城市的旅游群体，还面向城市的常住居民。它包含曲艺、相声、二人转等具有鲜明城市和地域文脉特色的类型等。国内目前代表性的城市传统曲艺以郭德纲的“德云社”为首，其延伸业态以周立波的“海派清口”为首。第三，它是演艺与餐饮消费相结合，如西安唐乐宫的《仿唐乐舞》、丽江玉龙吉鑫园文化饮食城的吉鑫宴舞《木府古宴秀》等，既属于旅游餐饮类项目，又是文化旅游演艺，游客一边品尝美食，同时欣赏富有民俗特色的传统艺术表演。

（三）发展特点

近年来，我国文化旅游演艺项目在迅速发展的过程中，也呈现出明显的发展特点。

1. 演绎戏剧文化

文化是旅游的内容和深层次表述，旅游则是实现文化的教化和娱乐功能的良好载体。突出地方特色，不仅是对地方文化的尊重，更是对游客心理的迎合。成功的旅游演艺产品十分重视对地方文化资源与内涵的挖掘，力图依托文化资源与演艺手段的有机融合，展示地方文化，凸显民族特色和地方特色，让游客感到耳目一新，享受到美好的体验。如成都旅游演出市场每天至少有大大小小 10 多台演出，轮番为来自海内外的游客提供丰富多彩的文化佳肴。《蜀风雅韵》《芙蓉国粹》以特色川剧绝活为主打；《锦城云乐》将成都茶艺情景表演、川剧绝活、蜀宫伎乐舞蹈等融汇其中；音乐剧《金沙》则以气势恢宏的歌舞取胜。异彩纷呈的演出在向中外游客展示成都历史文化底蕴的同时，也激发了游客对旅游地的兴趣。

2. 非遗传承创新

非物质文化遗产是丰富而宝贵的旅游文化资源。其中，口头传统、传统表演艺术、民俗活动和礼仪与节庆，以及传统手工艺技能等，属于“活态”文化。活态文化的特点决定了它们适宜通过表演的方式向观众展示其内涵。特别是包括音乐、舞蹈、戏剧、曲艺、杂技和竞技在内的传统表演艺术，更是具备开发成旅游演艺产品的天然条件。昆明的《云南映象》，是云南各民族民间乡土歌舞与民族舞重新整合的一台充满古朴与新意的大型歌舞集锦。演出中所有的舞姿舞步和歌声都来自生活，且大多为民间“原创”，如基诺族的太阳鼓舞，纳西族的面具舞、东巴舞，佤族的牛头舞，彝族的烟盒舞、打歌、海菜腔等，充满了浓厚的乡土气息和民族风情。

3. 娱乐参与体验

传统的文艺演出偏重于艺术性和思想性，而旅游演艺因其是为旅游者提供的休闲娱乐的精神文化产品，所以在保证艺术性的前提下，更要注重娱乐性，让游客能够真正得到精神上的放松，达到愉悦身心的目的。参与性的活动容易调动游客的各种感觉器官，刺激游客的视、听、触觉等多种感觉，使游客对活动的感受更丰富，印象更深刻，从而获得更愉悦的体验。如甘肃省歌剧院打造的表现敦煌文化、丝路文化的大型乐舞《敦煌韵》，注重与观众互动，演出当中演员会用中英文邀请观众上台许愿，让游客白天游览景点，晚上可以走进壁画，真切地体会敦煌的韵味。

4. 独特创意设计

独特的创意设计是文化旅游演艺项目的核心竞争力和生命力所在。在旅游业同质竞争日益激烈的时代，独特创意设计是决定着旅游演艺项目的成败。因此，对旅游演出来说，在所有外在条件相对不变的前提下，关系到演出效果的创意设计就成为核心竞争力。山水实景演出的《印象·刘三姐》，突破了传统演出的舞台局限，以自然山水为舞台，把具有生活化的场景——捕鱼、拉网、荡舟、渔歌引入了演出当中。向我们展示了一种向旅游者集中讲述当地风土人情和种种“非物质文化”的可能方式，也展示了什么是“与自然同在的演出”。于是，成为一种嵌入在当地的、不可移置的旅游产品，成为当地旅游的标志和旅游者不可不去的盛宴，甚至成为旅游者前往当地的主要目的。

5. 高新科技应用

高新技术越来越多地应用在景区的演艺活动项目中，如声、光、电、烟雾、水幕等技术，这些技术的应用使演艺活动的质量得到了大幅的提高，艺术性也在技术应用中得到完美的体现，增强了旅游演艺的表现力和感染力。横店影视城在电影《英雄》的拍摄地——秦王宫景区，利用声、光、电等技术，再加上高空飞腾特技，生动地再现了电影中“水幕棋馆”打斗的激烈场面，并且利用电影原声烘托氛围，增加了表演的效果，吸引了众多游客的眼球。

6. 市场资本驱动

在市场需求和资本的驱动下，近年来文化旅游演艺项目的投资越来越大，动辄上亿。同时，其每一台旅游演艺产品，几乎都聘请的是国内顶级的策划、导演和音乐制作大师，尤其是从作曲、灯光、音响、舞美到服装等一律聘请国内顶级的专家进行深度指导。其雄厚的资本实力，加上最负盛名的主创团队的结合，让文化旅游演艺的业态不断创新；而大手笔的投资，让当前的旅游演艺作品不断呈现出盛世辉煌的大气感。

当然，也有部分文化旅游演艺项目在市场和资本的驱动下投资“虚火”过旺。有些项目投资动辄投入上亿元，看似是地方文化、旅游繁荣的标志，但实际上昂贵的票价、浮夸的内容都让旅游演出变成一次性消费品，游客敬而远之。例如 2014 年 8 月，万达集团投资创作的《海棠・秀》停演，这让旅游演艺行业的投资者在激进过后初尝了市场的残酷。[①] 随后，万达集团在武汉投资的《汉秀》也长期处于亏损整改状态。

（四）典型案例：武汉知音号

在激烈竞争的文化旅游演艺市场中，如何深入表现地方文化、进行表演创新、营造沉浸式体验，是当前文化旅游演艺项目成败的关键。

《知音号》作为长江首部漂移式多维体验剧，是湖北省推动“十三五”全域旅游发展战略的重点创新文旅项目，是武汉市“十三五”重点文化项目、武汉市长江主轴文化轴亮点项目。由武汉旅游发展投资集团联合著名导演樊跃等共同打造。该项目打造全国独有的文化和服务双 IP 模式，已成为武汉城市文化旅游新名片和中国文旅产业新地标。

该剧以知音文化为灵魂，以大汉口长江文化为背景，故事取材于 20 世纪二三十年代的大武汉。导演团队在武汉市两江四岸核心区打造了一艘具有 20 世纪二三十年代风格的蒸汽轮船及一座大汉口码头，船和码头即剧场，演出将以在长江上漂移的方式进行，活现大武汉当年文化。亲情、友情、爱情浓缩在长江、码头和“知音号”船上。《知音号》创新了观演形式——码头、船

---

① http：//culture. people. com. cn/n/2014/1129/c172318 －26116550. html.

即剧场，观众即演员，从20世纪二三十年代的老汉口切换到现代都市大武汉，给观众最大的自由度，实现了现实与梦境的行为漂移。在表演创意上，导演采取国际顶尖的艺术表达方式和独创的观演模式，围绕知音文化主题，以20世纪初大汉口的商业文化为故事背景，从知音号码头露天部分拉开序幕，为游客设置了鲜活的老码头实景体验区，随后游客将登上大型轮船，分层移步观看触及心灵的武汉故事。

《知音号》自2017年5月公演以来，场场爆满、一票难求。至2018年年底已累计演出560余场，接待游客约30万人次。2018年接待外地游客超10万人次，占观众人数的42%，节假日更是超过60%，接待的外宾近2万人次。《知音号》衍生产业各板块的非门票收入达到全年总收入的47%，2019年预计达到60%。在冬季，大型主题演艺游轮“知音号”依旧以靓丽身姿穿行长江，让长江夜游淡季不淡，全年旅游期延长了两个多月。随着两江四岸长江灯光秀的升级，乘坐知音号体验知音文化，观看穿越时代的演艺秀，登上知音号甲板观赏灯光秀已经成为武汉夜色旅游的首选。

（资料来源：根据武汉朝宗文化旅游有限公司：《知音号项目介绍》（知音号官网）和作者调研整理。）

第五章

新时代文化与旅游融合

党的十九大报告中提出，“要坚定文化自信，推动社会主义文化繁荣兴盛”。进入新时代，在文化大发展大繁荣的时代背景下，文化与旅游的融合发展又进入了新的阶段。习近平总书记指出，旅游集物质消费与精神享受于一体，旅游与文化密不可分。总书记强调，旅游是修身养性之道，中华民族自古就把旅游和读书结合在一起，崇尚“读万卷书，行万里路”。① 文化与旅游融合发展，对于要坚定文化自信，推动社会主义文化繁荣兴盛有着重要的意义。

2018 年 3 月，经第十三届全国人大一次会议审议通过，文化部和国家旅游局合并组建为文化和旅游部，随后，地方各级文化和旅游厅、文化和旅游局相继合并组建，一时被人称为“诗和远方走到了一起”。文化和旅游部部长雒树刚提出了文化和旅游融合“宜融则融，能融尽融，以文促旅，以旅彰文”的总体方针，文化与旅游的职能融合、产业融合、市场融合、消费融合全面展开，文化旅游被赋予了新的内涵与意义。文化与旅游融合是中国文化创造性转化和创新性发展的丰富生动实践，随着融合的不断深化，必将收获累累硕果，切实推动中华民族文化创造活力的持续生成和充分释放。

---

① https：//www. mct. gov. cn/whzx/whyw/201903/t20190304_837500. htm.

一、文化与旅游融合的政策背景

2009年8月，文化部、国家旅游局联合出台《文化部 国家旅游局关于促进文化与旅游结合发展的指导意见》，明确指出“文化是旅游的灵魂，旅游是文化的重要载体。加强文化和旅游的深度结合，有助于推进文化体制改革，加快文化产业发展，促进旅游产业转型升级，满足人民群众的消费需求；有助于推动中华文化遗产的传承保护，扩大中华文化的影响，提升国家软实力，促进社会和谐发展。”这是我国第一份关于文化与旅游融合发展的政策文件。自此开始，文化与旅游融合的概念及其相关促进融合发展的制度安排陆续出现在各级各类文件之中。9月，文化部颁布《文化部关于加快文化产业发展的指导意见》，提出促进文化与旅游相结合，建立《文化旅游节庆活动扶持名录》和《国家文化旅游重点项目名录》。鼓励对演艺与旅游资源整合，在知名旅游景区打造高品质、有特色的演艺精品。9月和12月，国务院又相继发布《文化产业振兴规划》和《关于加快发展旅游业的意见》，大力推进旅游与文化等相关产业的融合发展，标志着文化旅游产业成为国家战略性产业。

“十二五”时期，中央层面出台的文化旅游发展政策主要体现在《文化产业振兴规划》《关于加快发展旅游业的意见》《中共中央关于深化文化体制改革推动社会主义文化大发展大繁荣若干重大问题的决定》《国家旅游局关于进一步加快发展旅游业促进社会主义文化大发展大繁荣的指导意见》《国家“十二五”时期文化改革发展规划纲要》《文化部“十二五”时期文化改革发展规划纲要》《关于促进旅游业改革发展的若干意见》《关于推进文化创意和设计服务与相关产业融合发展的若干意见》《关于进一步促进旅游投资和消费的若干意见》等文件之中。其中，

2014 年国务院发布《关于推进文化创意和设计服务与相关产业融合发展的若干意见》指出：要提升旅游发展文化内涵，以文化提升旅游的内涵质量，以旅游扩大文化的传播消费。支持开发康体、养生、运动、娱乐、体验等多样化、综合性旅游休闲产品，提升旅游产品开发和旅游服务设计的人性化、科学化水平，满足广大群众个性化旅游需求。加强自然、文化遗产地和非物质文化遗产的保护利用，大力发展特色文化旅游，推进文化资源向旅游产品转化，建设文化旅游精品。加快智慧旅游发展，促进旅游与互联网融合创新，支持开发具有地域特色和民族风情的旅游演艺精品和旅游商品。此外，从 2010 年开始，文化部、国家旅游局确定，每 4 年推出一个中国文化旅游主题年，每两年举办一届中国国际文化旅游周，定期发布《国家文化旅游重点项目名录》。文化与旅游不断融合，对国民经济中的增长性、带动性和辐射性日益凸显。

“十三五”时期，在经济步入新常态的背景下，经济结构调整需要加速发展服务业，动力转换需要增强内需消费的拉动力，改善民生也要进一步释放国民的休闲需求，凡此种种，都为文化与旅游融合发展提供重要机遇。2016 年国务院相继印发《关于进一步加强文物工作的指导意见》和《关于推动文化文物单位文化创意产品开发若干意见的通知》，明确提出大力发展文博创意产业，推动文化和旅游的深度融合发展。2017 年国家发展改革委等部委研究制定《“十三五”时期文化旅游提升工程实施方案》，切实加强对文化旅游的资金支持和政策支持。

2018 年 3 月，经第十三届全国人大一次会议审议通过，文化部和国家旅游局合并组建为文化和旅游部。2018 年 4 月和 11 月，文化和旅游部、财政部联合印发《关于在旅游领域推广政府和社会资本合作模式的指导意见》和《关于在文化领域推广政府和社会资本合作模式的指导意见》，坚持以旅游、文化领域的供给侧结构性改革为主线，就调动更多社会资源参与旅游和文化发展，探索推广旅游、文化项目 PPP 实施路径、发展模式及长效机制等做出全面部署。

二、文化与旅游融合的“体用一致”论[①]

2018 年文化和旅游部组建之后，在学术界关于文化与旅游之间的关系及其融合的理论机制开展了激烈的论述。2018 年 12 月 10 日，文化和旅游部部长雒树刚出席 2018 旅游集团发展论坛并发表主旨演讲，他引述习近平总书记对于文旅融合的指示：“旅游集物质消费与精神享受于一体，旅游与文化密不可分。旅游业发展与精神文明建设密切相关，相辅相成、互相促进。”中国旅游研究院院长戴斌于 2018 年 8 月 30 日在第十次中日韩文化部长会议上的演讲上指出，“文化和旅游的融合应当是科技的、时尚的，也应当是市场的、商业的；文化和旅游的融合需要向社会开放，向游客开放，更需要向世界开放。”国家行政学院祁述裕教授于 2019 年 1 月 12 日于中国文化产业系列指数发布会上演讲指出：“文化的本质是发现价值和创造价值，旅游的本质是体验价值和分享价值。”[②] 中国传媒大学范周教授针对文旅融合指出：“理念融合是基础，职能融合是保障，产业融合是核心，科技融合是助推器。”[③]

从总体上来看，对文化与旅游融合的理论模式建构有必要从“体用二分”论发展到“体用一致”论。所谓文化与旅游的“体用二分”论，也就是我们常说的文化是内容，旅游是载体。此论在逻辑上并没有问题，但在指导行业发展的过程中，却往往陷入

---

① 文旅融合“体用一致”核心观点转引自：傅才武．论文化和旅游融合的内在逻辑［J］．武汉大学学报（哲学社会科学版），2020，73（2）：89－100．

② http：//www. sohu. com/a/294426787_809097．

③ 范周．文旅融合　城市发展新动能［N］．中国文化报，2019－01－21（3）．

旅游的工具主义误区，即认为旅游是实现文化的经济价值的工具，文化与旅游在本质认识上依然是割裂的，恰如魏小安所说“文化到旅游差一张纸，旅游到文化差一座山”①。做文化忽略市场，做旅游忽略价值，便是文化与旅游“体用二分”论依然无法回避的问题。因此，在文化与旅游融合的政策背景下，应当推进文化与旅游的全面融合、深度融合，而不仅仅是形式上的融合和工作上的融合，在理论上文化与旅游的“体用二分”论有必要发展到“体用一致”论。进入到文化和旅游“体用一致”的新阶段，文化与旅游互为体用、相互赋值，才能真正实现“以文促旅，以旅彰文”。文化和旅游的体用一致，主要体现在产业融合和文化空间两个方面。

（一）产业融合视角下的文旅体用一致

产业融合是产业组织理论中的一个重要组成部分。产业组织通常指同一产业内企业间的组织或市场关系，目前产业组织理论包括哈佛学派、芝加哥学派和新产业组织学派。传统产业组织理论认为，生产同类或具有密切替代关系的产品或服务是划分不同产业的依据。产业融合是相对于产业分化而言的一种产业发展范式，是指原本各自独立的产业，相互交叉、渗透，使原有产业边界逐步模糊或消失，形成新产业的动态发展过程。

从产业融合的角度，构成文化与旅游行业的三大板块——文化事业、文化产业和旅游业之间，具有天然的融合特性。作为公共文化服务体系的文化事业为文化产业和旅游业发展奠定了基础，文化产业和旅游业的发展则进一步繁荣了文化产品供给和满足了居民对美好生活的文化需求。文化产业和旅游业作为国民经济两大重要的产业体系，两者在资源、技术和市场等产业要素上重合度非常高，因而两大产业相互依存、相互促进、相互融合渗

① http：//www. sdwht. gov. cn/html/2019/llqy_0414/51613. html.

透。文化产业和旅游业的重合部分，早已被称之为文化旅游产业。因而，从产业的角度，文化与旅游早已呈现出体用一致的特性。

未来文化旅游产业的发展，将不再是单个项目的发展，而是更多地呈现出以文化旅游融合带动相关产业共同发展的产业集群模式。首先，文化产业与旅游业自身可以实现高度融合，纯粹的旅游产业包括旅游景观、娱乐休闲、住宿度假、餐饮购物、旅游交通等形式，纯粹的文化产业包括影视、出版、设计、音乐、动漫等形式，而文化产业与旅游产业交叉则可以形成旅游演艺、节事活动、主题公园、创意聚落等十分丰富的产业形式。其次，文化产业与旅游业融合发展可以带动相关产业共同发展，如教育培训、健康养生、生态农业、商品制造、旅游地产、宗教朝圣等。因而，以文化创意为核心竞争力，以文旅融合为依托发展的产业聚群可以成为重塑区域品牌形象，培育区域经济增长极，促进增长方式转型，实现可持续发展的重要发展模式。

文化事业、文化产业和旅游业融合的基本逻辑如图 5 -1 所示。

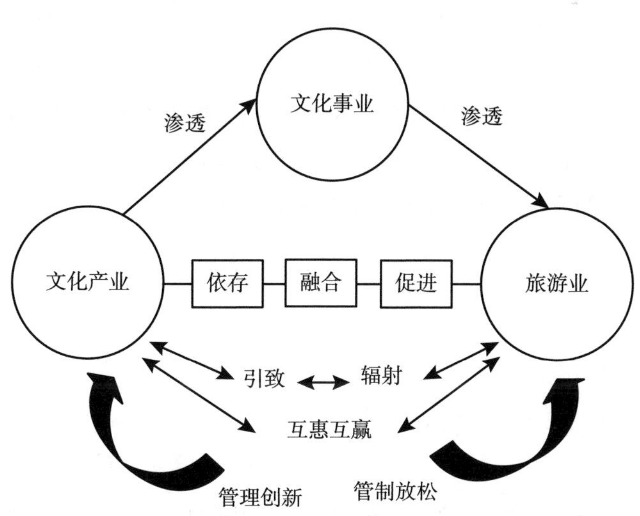

图 5 -1　文化事业、文化产业和旅游业融合的基本逻辑

（二）文化空间视角下的文旅体用一致

空间具有文化属性，空间被人类社会不断地赋予文化意义。人类社会所认识、接触和创造的任何空间都带有人类认知、活动与创造的痕迹，因而都具有一定程度上的文化属性。文化空间是具有文化意义或性质的物理空间、场所、地点（向云驹，2008）①。1998 年联合国教科文组织第 155 次大会将“文化空间”界定为集中展示非物质文化遗产的场所，是“具有特殊价值的非物质文化遗产的集中表现”；“一个集中举行流行和传统文化活动的场所，也可定义为一段通常定期举行特定活动的时间。这一时间和自然空间是因空间中传统文化表现形式的存在而存在的”②。

从文化空间的视角，文化与旅游融合的体用一致在文化空间上得到了显现。首先，文化内涵和旅游体验都需要空间载体，文化通过空间得到表达，旅游活动也是一个对文化空间进行体验的过程。其次，文化空间既具有物理属性，也具有文化属性，其文化内涵体现在地域特色和地方文化基础之上，结合了历史人文遗产和现代生活场景，在文化旅游体验中得到了集中体现。最后，文化空间所具有的象征特性，是一个地方所具有的最重要的文化价值系统，也是旅游市场和体验价值的源泉。

文旅融合的文化空间形态如图 5－2 所示。

---

① 向云驹．论“文化空间”［J］．中央民族大学学报（哲学社会科学版），2008，35（3）：81－88.

② 乌丙安．非物质文化遗产保护中文化圈理论的应用［J］．江西社会科学，2005（1）：102－106.

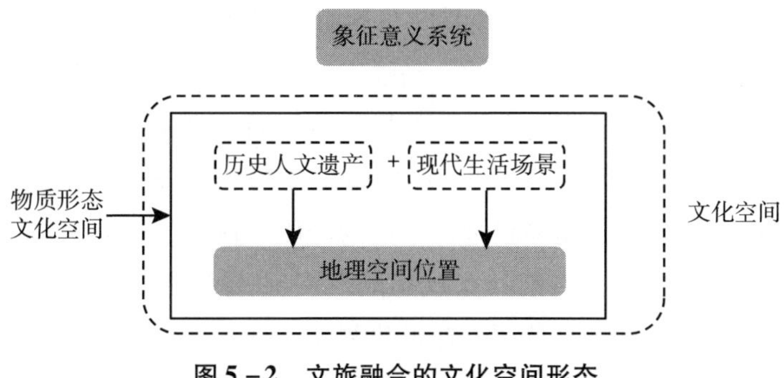

图 5－2　文旅融合的文化空间形态

三、文化与旅游融合的理论机制

（一）本质内涵：文化旅游深度体验

从行业管理的角度来看，文化和旅游相互联系但又有不同的行业性质。文化行业的管理侧重于文化遗产保护、文化艺术创作、公共文化事业和文化产业；旅游业的管理则侧重于涉及旅游活动的景区景点、酒店、旅行社、出入境旅游的行业管理和服务管理。在行业类型的分隔之下，人民群众的文化活动主要集中在博物馆、图书馆、美术馆、文艺演出、影视、动漫、游戏等场所和领域；旅游活动则集中体现于在旅游过程中的景点观光、文化体验、餐饮、住宿、交通、购物、娱乐等活动。因而，文化行业和旅游行业具有不同的行业管理属性，文化活动和旅游活动也走向了不同的内容及形式，可以看作是文化和旅游在“山脚下分开”①。但是，进一步探究文化和旅游的本质属性，从更深的层面和更高的高度来看，文化和旅游最终殊途同归，在“山顶上相

① 傅才武．论文化和旅游融合的内在逻辑［J］．武汉大学学报（哲学社会科学版），2020，73（2）：89－100.

聚”，这个“相聚”之处便是文化旅游的深度体验。

体验是人的一种深层的、高强度的或难以言说的瞬间性生命直觉。体验经济学家约瑟夫·派恩和詹姆斯·吉尔摩（1999）在其专著《体验经济》中指出：“体验是使每个人以个性化的方式参与其中的事件，体验超过了普通的经历和认识，而是一种涉及感官、情感等感性因素的深层感动。”① 许多学者认为体验是旅游的本质，旅游体验是“在旅游世界发生的，是旅游者在顺序地经历了不同的旅游情境之后所获得的主观情感”②。20 世纪 60 年代，布斯汀（Boorstin，1964）认为旅游体验是一种时尚的消费行为，与大众旅游的刻板感受相对应③。麦肯奈尔（MacCannell，1973）则指出，旅游体验是为了克服对日常生活的困窘，在旅游地寻求的一种对“本真”（authentic）的体验④。科恩（Cohen，1979）从区分旅游体验与各种价值“中心”之间关系的视角，用现象学的分类方法，将旅游体验划分为五种类型⑤。瑞安（Ryan，1997）则将旅游体验概括为“针对个体的，涉及娱乐或学习的多功能休闲活动”⑥。文化旅游开发的灵魂是为游客设计独特的体验感。

在文化和旅游融合的过程中，其最深层次的结合点是体验。旅游者或访客在文化旅游活动中，通过亲身经历能够获得一种瞬间性生命直觉，涉及感官、情感等感性因素的深层感动，这便是

---

① ［美］B. 约瑟夫·派恩二世，［美］詹姆斯·H. 吉尔摩著．体验经济［M］. 北京：机械工业出版社，2008.

② 谢彦君．旅游体验研究——一种现象学的视角［M］. 天津：南开大学出版社，2005.

③ Boostin D J. The Image：A Guide to Pseudo – Event in America［M］. New York：Harper & Row，1964.

④ MacCannell D. Staged Authenticity：Arrangements of Social Space in Tourist Settings［J］. American Journal of Sociology，1973，79：589 – 603.

⑤ Cohen E. A Phenomenology of Tourist Experiences［J］. The Journal of the British Sociological Association，1979，13：179 – 201.

⑥ Ryan，C. The Tourist Experience：A New Introduction［M］. Cassell：Wellington House，1997.

文化旅游的体验感，文化体验和旅游体验在这个层面上是深度统一的。根据马斯洛需求层次理论，在低层次需求上，人们的生产和生活活动主要以满足生理需求和安全需求为主，这一阶段的旅游活动也主要以调整身心和恢复体力等功能性目标为主，个体的文化体验和旅游体验可能相交叉但不重合，因此，这一阶段个体的文化活动与旅游活动可以“两分”。但一旦进入需求的高层次，旅游者个人的旅游体验即与文化体验融为一体，文化活动与旅游活动相重合，二者变得密不可分。

根据旅游者在文化旅游活动过程中对外在事物或环境的感性认识的深刻程度，旅游体验可以分为不同的层次。刘家明、刘莹（2012）将旅游体验归纳为6E模型，将旅游体验分为从表层到深层依次分为审美怀旧、文化教育、休闲娱乐、遁世逃避、社交生活和情感升华6个层次，总结为旅游体验深度的6E模型①，如图5－3所示。傅才武、钟晟（2014）指出文化认同体验是一种最深层次的文化旅游体验，是旅游体验的高级阶段，是一种有关社交生活和情感升华的深度体验形式。例如，丝绸之路河西走廊地区由于独特的通道地位和多民族间不断冲突与融合的重要场所，河西走廊地区一直到今天都保存有独特的多民族文化体系在此和谐共存，成为体验中华民族丰富多彩的多元文化，了解不同民族之间文化差异的宝库；同时也是了解中华民族形成、融合与发展的最佳历史活教材，成为培养中华民族文化认同感的绝佳区域②。

因此，从深度体验的角度来看，文化体验和旅游体验在本质上是一致的，这是文旅融合的本质内涵。

---

①　刘家明，刘莹．基于体验视角的历史街区旅游复兴——以福州市三坊七巷为例［J］．地理研究，2012（3）：556－564.

②　傅才武，钟晟．文化认同体验视角下的区域文化旅游主题构建研究——以河西走廊为例［J］．武汉大学学报（哲学社会科学版），2014，67（1）：101－106.

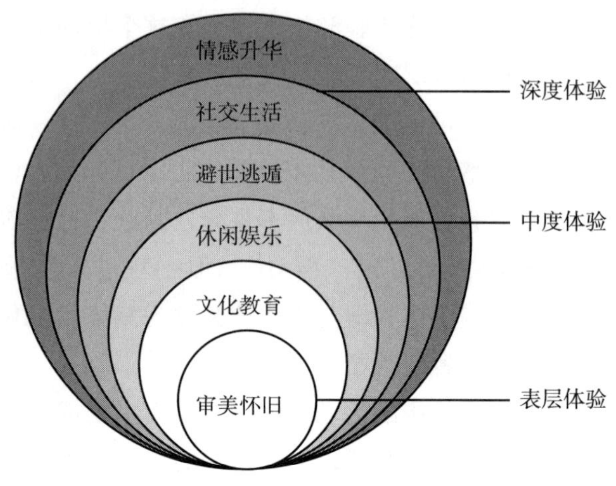

图 5-3　旅游体验层次的 6E 模型

（二）供给侧：文旅融合的 IP 驱动

文化产业的核心资产在于 IP。IP（intelligence property）原意为“知识产权”，作为一个国际广泛使用的法律概念，IP 所包含的更重要内涵，是对人的心智和智力创造的一种保护和尊重，是人的一种精神权利。知识产权是文化资产的主要形式，是权利拥有者对智力劳动成果所享有的民事权利，是一种无形资产。一般而言，与文化资产紧密相关的知识产权多指版权（又称著作权，copyright）、商标（trade mark）、专利（patent）、设计权（design right）等①。

在文化旅游产业中，旅游目的地的核心吸引力和旅游体验来源于其核心价值，这种核心价值是专属于该旅游目的地的，具有高度的文化价值、符号价值、传播价值、空间价值、体验价值、消费价值和衍生价值，我们将其定义为文化旅游主题 IP。文化旅游主题 IP 是排他性的知识资产，是基于文化旅游资源或地域文

① 向勇．文化产业导论．北京：北京大学出版社，2015：182.

化的独特性，在与旅游要素融合发展的基础上，以游客为中心创造出的具有排他性的专有知识资产。

因而，正如文化产业在发展过程中要不断打造文化 IP，文化旅游产业的发展也是不断创造文化旅游主题 IP 的过程。文化旅游主题 IP 所形成的地方特色和空间价值，赋予旅游目的地以核心价值，通过内涵塑造形成文化体验，通过流量导入集聚旅游消费，并通过价值延伸发展相关的衍生产业，最终驱动文化和旅游融合发展，发挥区域价值。IP 驱动文旅融合发展模式如图 5－4 所示。

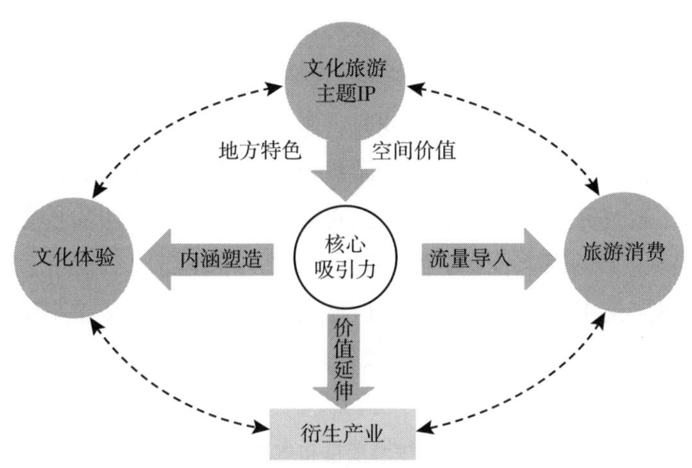

图 5－4　IP 驱动文旅融合发展模式

（三）需求侧：文旅融合的消费驱动

随着后工业化社会的来临、产业结构调整和人民收入水平的增加，居民文化消费的需求不断增长，文化消费的品位不断提升，文化消费对经济发展和转型的拉动效应不断显现。文化旅游消费是文化消费的重要组成部分。从国际经验来看，当居民人均 GDP 达到 5 000 美元时，旅游进入大众化日常性普遍消费阶段。我国在 2011 年人均 GDP 就已经达到 5 000 美元，文化旅游消费潜力极大。同时，伴随着我国消费升级加快、“带薪休假”逐步落实，汽车时代全面来临，用于旅游的花费越来越高，旅游消费将成为一种刚需，旅游形式将由观光旅游向休闲旅游、度假旅游、文化旅游转变，大众旅游时代已经全面来临。文化和旅游部发布的 2018 年旅游市场基本情况显示，2018 年国内旅游人数 55.39 亿人次，比上年同期增长 10.8%；全年实现旅游总收入 5.97 万亿元，同比增长 10.5%。初步测算，当年全国旅游业对 GDP 的综合贡献为 9.94 万亿元，占 GDP 总量的 11.04%。①

在消费者的文化旅游消费过程中，在消费者的行为中是没有单独的文化消费，也没有单独的旅游消费，文化和旅游两个不同的行业在消费领域是完全连通的，因而消费是从需求层面推进文化和旅游融合的关键要素。同时，随着文化旅游消费需求的快速成长，作为市场行为的文化旅游投资近年来成长迅速，越来越多的文化旅游资源受到资本市场的青睐。近年来旅游业的投资增长率保持在 25% 以上，旅游投资规模 2016 年超过 1.2 万亿元，旅游投资热点集中在文化旅游、度假旅游、主题乐园、文旅小镇等领域。近年来旅游项目和旅游业投资状况如表 5-1、图 5-5 所示。

表 5-1　2015～2016 年旅游项目和旅游业投资状况

项目类别	2015 年		2016 年		同比增长（%）
	实际完成投资（亿元）	占比（%）	实际完成投资（亿元）	占比（%）	
10 亿～50 亿元	3 541.8	35.2	4 405.7	33.9	24.4
50 亿～100 亿元	1 165.9	11.6	1 145.8	8.8	-1.7
100 亿元以上	1 597.9	15.9	2 479.5	19.1	55.2
合计	10 073	100	12 997	100	29

资料来源：中信建设证券研究发展部，2016 中国旅游投资报告。

① http：//www.gov.cn/xinwen/2019-02/13/content_5365227.htm.

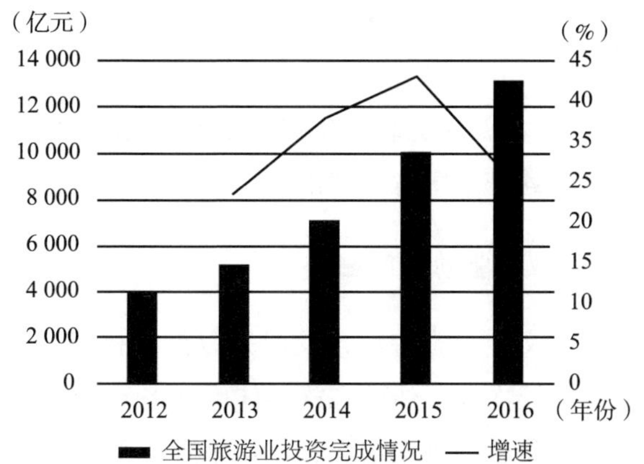

图 5 –5　近年来旅游项目和旅游业投资状况

资料来源：中信建投证券研究发展部，2016 中国旅游投资报告。

2016 年 5 月，文化部、财政部发布《关于开展引导城乡居民扩大文化消费试点工作的通知》，并指出“培育文化消费成为新的经济增长点和经济转型升级新的支撑点，有利于加快文化体制机制改革创新，推动文化产业成为国民经济支柱性产业；有利于激活和释放文化需求，促进消费结构升级；有利于提高文化产品和服务的供给质量和效率，培育形成经济发展新动力，为稳增长、促改革、调结构、惠民生和推进供给侧结构性改革做出重要贡献。”从 2016 年公布第一批国家文化消费试点城市开始，截至目前全国范围内共有 45 个城市确定为国家文化消费试点城市。

通过国家文化消费试点政策，各试点城市以政府购买、企业惠民等方式为引擎，刺激居民文化消费，同时客观上推进了文旅融合发展。例如，2016 年获批成为国家文化消费试点城市的长沙市，市财政每年投入 2 000 万元用于政府购买公共文化服务，通过发放消费券、政府购买服务等方式，培育文化消费市场。依托文化消费试点工作，打破了文化事业与文化产业的壁垒，推动了文化事业与文化产业之间的互通，积极发挥政府在文化消费中的引导性作用及市场在文化资源配置中的决定性作用，推进跨部门、跨领域、跨系统的交流合作，并带动所属行业消费高速增长。2017 年，长沙市文化产业增加值 902.6 亿元，同比增长 11.3%，占 GDP 的比重为 8.84%，较上年提高 0.17 个百分点，文化产业对长沙经济贡献处于全国省会城市前列。[①]

（四）供需双侧驱动文旅融合

综上所述，文化与旅游融合发展是以深度体验为本质内涵，旅游者个人的深层次文化体验和旅游体验在本质上是统一并融为一体的。在文化旅游的供给层面，文化旅游产业的核心资产是文化旅游主题 IP，是基于文化旅游资源或地域文化的独特性，在与旅游要素融合发展的基础上，以游客为中心创造出的具有排他性的专有知识资产。在文化旅游的需求层面，居民的文化旅游消费是从市场消费者的角度，将文化产品和旅游产品进行统一，形成广阔的文化旅游消费市场，拉动文化旅游的产业投资。因此，文化与旅游融合的理论机制是以旅游者个体的深度体验为内涵，通过文化旅游主题 IP 和文化旅游消费分别从供给和需求两个方面双侧驱动。

四、文化与旅游融合的政策举措[②]

2019 年全国文化和旅游厅局长会议在北京召开，总结 2018 年文化和旅游工作，部署 2019 年重点任务，为 2019 年文化和旅游工作定下纲领方向。

---

① 湖南省统计局，http：//tjj. hunan. gov. cn/tjfx/sxfx/zss/201811/t20181112_5186090. html.

② 该节内容转载自微信公众号“旅思马记”，http：//www. sohu. com/a/288284741_100045215. 由青蓝文旅综合整理自 2019 年全国文化和旅游厅局长会议 . 中国文化报、中国旅游报。

（一）总体思想

推进文化事业、文化产业和旅游业融合发展，必须坚持以习近平新时代中国特色社会主义思想为指导，深入贯彻习近平总书记关于文化和旅游工作特别是文化和旅游融合发展重要论述精神，全面领会文化和旅游融合发展的重大战略意义和现实意义，把思想和行动统一到习近平总书记重要论述上来，统一到以习近平同志为核心的党中央决策部署上来。总的思路是，坚持“宜融则融，能融尽融，以文促旅，以旅彰文”，找准文化和旅游工作的最大公约数、最佳连接点，推动文化和旅游工作各领域、多方位、全链条深度融合，实现资源共享、优势互补、协同并进，为文化建设和旅游发展提供新引擎新动力，形成发展新优势。

（二）理念融合

一是要树立以文促旅的理念。要深刻认识到，文化需求是旅游活动的重要动因，文化资源是旅游发展的核心资源，文化创意是提升旅游产品质量的重要途径，文化的生产、传播和消费与旅游活动密切相关。通过思想道德观念的提升、文化资源的利用、文化创意的引入，能够提升旅游品位、丰富旅游业态、增强产品吸引力，拓展旅游发展的空间。通过公共文化机构、对外文化交流等平台的使用，能够促进旅游推广，为游客提供更加丰富的服务。

二是要树立以旅彰文的理念。要深刻认识到，旅游是文化建设的重要动力，是文化传播的重要载体，是文化交流的重要纽带。发挥旅游的产业化、市场化优势，能够丰富文化产品供给方式、供给渠道、供给类型，带动文化产业发展、文化市场繁荣。发挥旅游公众参与多、传播范围广等优势，能够扩大文化产品和服务的受众群体和覆盖面，对内更好传播中国特色社会主义文化、弘扬社会主义核心价值观，对外增强国家文化软实力、提升中华文化影响力。

三是要树立和合共生的理念。要深刻认识到，文化是旅游的灵魂，旅游是文化的载体，二者相辅相成、互相促进。文化和旅游相互支撑、优势互补、协同共进，才能形成新的发展优势、新的增长点，才能开创文化创造活力持续迸发、旅游发展质量持续提升、优秀文化产品和优质旅游产品持续涌现的新局面，才能更好满足人民美好生活新期待、促进经济社会发展、增强国家文化软实力和中华文化影响力。

（三）职能融合

原文化部门和原旅游部门各有各的职能、各有各的业务，机构合并、人员整合只是开始，重头戏还是职能融合到位。一是要编制好落实好“三定”规定。“三定”规定是部门履行职责的法定依据。已经发布“三定”规定的单位，要将各项职能落到实处，并在工作中进一步细化、完善。尚未完成“三定”规定编制的单位，在编制“三定”规定时要充分体现融合发展要求，打破文化和旅游行业边界，设计好内设部门职能，确保履职到位。二是要加强顶层设计，规划好方向和目标。“十四五”规划即将开始编制，要以此为契机，提前准备、及早谋划，开展充分、深入的调查研究，总结已有经验，研究融合发展新思路，制定体现融合发展、有前瞻性的发展规划和针对性政策。三是要整合好已有工作抓手。要加强文化和旅游领域政策、法规、规划、标准的清理、对接、修订等工作，确保相互兼容、不留空白、不余死角。积极推进资源、平台、工程、项目、活动等融合，坚持从实际出发，该清理的清理、该合并的合并、该扩大的扩大，确保其发挥最佳效益。

（四）产业融合

要积极寻找文化和旅游产业链条各环节的对接点，发挥各自优势、形成新增长点。一是促进业态融合。实施“文化＋”“旅游＋”战略，推动文化、旅游及相关产业融合发展，不断培育新业态。深入实施“互联网＋”战略，推动文化、旅游与科技融合发展。统筹推进文化生态保护区和全域旅游发展，推动传统技艺、表演艺术等门类非遗项目进入重点旅游景区、旅游度假区。推进红色旅游、旅游演艺、文化遗产旅游、主题公园、文化主题酒店等已有融合发展业态提质升级。二是促进产品融合。加大文化资源和旅游资源普查、梳理、挖掘力度，以文化创意为依托，推动更多资源转化为旅游产品，推出一批具有文化内涵的旅游商品。建立一批文化主题鲜明、文化要素完善的特色旅游目的地。支持开发集文化创意、度假休闲、康体养生等主题于一体的文化旅游综合体。推出更多研学、寻根、文化遗产等专题文化旅游线路和项目。三是持续释放大众文化和旅游需求。建立促进文化和旅游消费的长效机制，顺应居民消费升级趋势，积极培育网络消费、定制消费、体验消费、智能消费、时尚消费等消费新热点，完善行业标准体系、服务质量评价体系和消费反馈处理体系。

（五）市场融合

统一有序、供给有效、富有活力的市场是文化和旅游融合发展的重要基础。要以文化市场综合执法改革为契机，推动文化和旅游市场培育监管工作一体部署、一体推进。一是促进市场主体融合。鼓励文化机构和旅游企业对接合作，支持文化和旅游跨业企业做优做强，推动形成一批以文化和旅游为主业、以融合发展为特色、具有较强竞争力的领军企业、骨干企业。优化营商环境，促进创新创业平台和众创空间服务升级，为文化和旅游领域小微企业、民营企业融合发展营造良好政策环境。二是促进市场监管融合。对融合发展的新业态，要及时加强关注、引导，不断更新监管理念。建设信用体系，实施各类专项整治、专项保障活动，开展重大案件评选、举报投诉受理、证件管理等工作，要将文化市场、旅游市场统一考虑，一并研究。三是全力推动文化市场综合执法队伍整合组建。要深入推动《关于进一步深化文化市场综合执法改革的意见》《关于深化文化市场综合行政执法改革的指导意见》贯彻落实，抓紧建立文化和旅游市场执法改革制度框架，按照中央确定的时间表、任务书推动执法队伍整合到位。

（六）服务融合

协同推进公共文化服务和旅游公共服务，为居民服务和为游客服务，发挥好综合效益，是深化文化和旅游融合发展的重要内容。一是要统筹公共服务设施建设管理。探索建设、改造一批文化和旅游综合服务设施，推动公共文化设施和旅游景区的厕所同标准规划、建设、管理。二是统筹公共服务机构功能设置。在旅游公共服务设施修建、改造中，增加文化内涵、彰显地方特色。利用公共文化机构平台，加大文明旅游宣传力度。三是统筹公共服务资源配置。推动公共服务进旅游景区、旅游度假区。构建主客共享的文化和旅游新空间。在游客聚集区积极引入影院、剧场、书店等文化设施。统筹实施一批文化和旅游服务惠民项目。

（七）对外交流融合

文化和旅游都是推动文明交流互鉴、传播先进文化、增进人民友谊的桥梁，是讲好中国故事、传播好中国声音的重要渠道。文化和旅游融合发展必须在交流融合方面下大力气、作大文章。一是在工作层面，要进一步整合对外和对港澳台文化和旅游交流工作力量，整合海外文化和旅游工作机构，统筹安排交流项目和活动，同步推进文化传播和旅游推广。二是在渠道方面，要发挥好博物馆、美术馆等文化机构和旅游景区景点、旅行社、旅游饭店在传播中国特色社会主义文化方面的重要作用，引导各类导游、讲解员和亿万游客成为中国故事的生动讲述者、自觉传播者。三是在载体方面，要综合发挥文化和旅游各自优势，推动更多优秀文化产品、优质旅游产品走向海外，进入主流市场、影响主流人群，把中华优秀传统文化精神标识展示好，把当代中国发展进步和中国人精彩生活表达好，为提高国家文化软实力和中华文化影响力做出贡献。

五、文化与旅游融合发展案例

（一）文旅融合助推区域发展：荆州纪南生态文化旅游区

1. 项目概况

荆州纪南生态文化旅游区位于荆州市中心城区北部，距荆州古城 1.5 公里，南临荆州古城，北据长湖，总面积 225 平方公里，其中水域面积 40 平方公里、文物遗址面积约 20 平方公里，现辖纪南镇、凤凰办事处，共有 31 个行政村（社区），全区现有人口约 8 万人，是荆州市重要的特色功能区。纪南文旅区确立以文化产业、旅游产业、现代服务业为产业基础，生态、宜居、智能、低碳的文化新城和现代城市配套为建设基础的开发理念。

荆州纪南生态文化旅游区拥有丰富的文化和生态资源。区内拥有楚国故都——楚纪南城遗址，面积约 16 平方公里，是现在荆州古城的 3.5 倍，是当时世界上最大的都城，迄今地面仍保留有规模宏大的城垣遗迹，地下埋藏着丰富的文化遗存。春秋战国时期，先后有 20 代楚王在此定都411 年，名列“春秋五霸”“战国七雄”。区内现有以古遗址、古墓葬为重点的不可移动文物 139 处，其中有楚纪南故城遗址（包括雨台山古墓群）、郢城遗址、鸡公山遗址 3 处全国重点文物保护单位。

区内有风光旖旎的长湖，是湖北第三大湖泊，面积约 150 平方公里，由荆州、荆门和潜江三市共享，在我区内水域面积约 40 平方公里，水域辽阔，沿岸森林覆盖率高，环境优美，目前正在申报国家级湿地保护区。除了湖泊，纪南新区兼有岗地、平原、河流、滩涂多样性地貌，生态优良，环境优美，野生动植物资源十分丰富，是人们寻求返璞归真意境的理想旅游休闲度假胜地。

2. 发展历程

（1）机构设立及沿革。2010 年 3 月，国家文物局和湖北省政府在北京签署了《共建大遗址保护荆州片区框架协议》，共同推进荆州片区大遗址保护和国家考古遗址公园建设。同年 11 月，湖北省委、省政府批准成立荆州纪南生态文化旅游区（挂荆州楚纪南城大遗址保护区牌子）。区管委会作为荆州市人民政府派出的正县级行政机构，全面负责区域内大遗址管理、保护、利用，并承担区域内经济社会事务管理的行政职能。

2014 年 5 月，荆州市政府引进全国文化旅游产业的领军企业西安曲江文化产业投资集团、具有强大建设开发能力及资本优势的世界五百强企业中建三局集团两大旗舰，并成立了由三方共同出资的平台公司。荆州市政府和企业共同出资组建的平台公司——荆州纪南投资发展控股有限公司已开始运营，由其负责的重点项目策划设计和招商引资工作也已全面铺开。2015 年成立省纪南生态文化旅游区协调小组，按照“省级项目、荆州实施”原则将其纳入全省一元多层次战略体系给予重点支持。省发改、财政、国土、交通、文化、旅游、南水北调等部门都将积极给予支持和政策倾斜。

（2）文化旅游融合发展。荆州市历史文化资源丰富，承载楚国最辉煌两百年，孕育出光辉灿烂的楚文化，同时留下了丰富的地下遗存，主要表现为文物遗址。如何展示厚重的历史文化，怎样探索荆州市的遗址保护模式、向市民和游客展示荆州历史文化资源的内涵，发挥纪南城国家级大遗址保护示范区的示范意义是荆州市文化旅游融合发展的重点。目前，纪南文旅区正围绕建成国家级大遗址保护示范区、国家文化产业示范园区、国家城乡统筹发展示范区和国家级生态文明新区的宏伟目标，加快推进基础设施建设。一大批文化旅游项目已经落地，开发建设已步入快速发展轨道。纪南文化旅游区的规划建设链接了新老城区的文化旅游资源，推进了荆州市文化与科技、文化与旅游、文化与生态融合共生，促进了荆州文旅融合的发展势态，对荆州乃至湖北都有广泛的带动和示范意义。

近年来，纪南文旅区项目建设和招商引资成效明显，总投资230 亿元的华强方特乐园项目开工建设，并将于2019 年6 月试营业；湖北省第二届园林博览会主会场将于2019 年 11 月举办；楚王宫景区、通用机场等 7 个项目已经落地；融资瓶颈取得突破，融资规模超过200 亿元；项目建设强力推进，在建项目投资达到700 亿元，新区发展格局基本形成。

3. 项目示范意义

（1）文旅融合助推区域发展。文化是荆州的优势，也是重塑荆州城市地位的源动力。以旅游为途径，充分挖掘楚文化、三国文化等荆楚文化内涵，将荆州的历史文化底蕴外显和活化。依托丰富的历史文化遗产资源，荆州纪南文化旅游融合发展已经成为助推区域发展的重要动力。荆州纪南生态文化旅游区与荆州古城整体打造“大遗址—楚故都—古城池—生态新区—运河工程”五位一体江汉平原核心文化旅游区，推动实现文化遗产保护与文化旅游产业相结合，引江济汉工程与荆州古城营造相结合，生态建设与文化建设相结合，建设国际文化旅游目的地城市。

荆州纪南生态文化旅游区是荆州“壮腰”工程的重要内容，通过文旅融合的发展模式助推荆州区域发展。荆州市委、市政府高度重视文化旅游产业发展，积极融入“鄂西生态文化旅游圈”建设，出台《关于加快文化旅游产业发展的若干政策意见》，推进产业转型升级，着力把文化旅游业培育成全市重要的经济增长点，为旅游产业的快速发展创造了良好的政策和社会环境。围绕突破性发展荆州文化旅游产业的战略目标，荆州以全域旅游发展理念为指导，把旅游产业打造成战略性支柱产业，促进旅游从围地占景、生硬造景、设门收票向区景一体、产业一体、城乡一体转型升级，实现荆州市由文化城市向旅游城市、由旅游城市向城市旅游、由城市旅游向全域旅游的四级蝶变。文旅融合促进区域发展的荆州模式如图5-6所示。

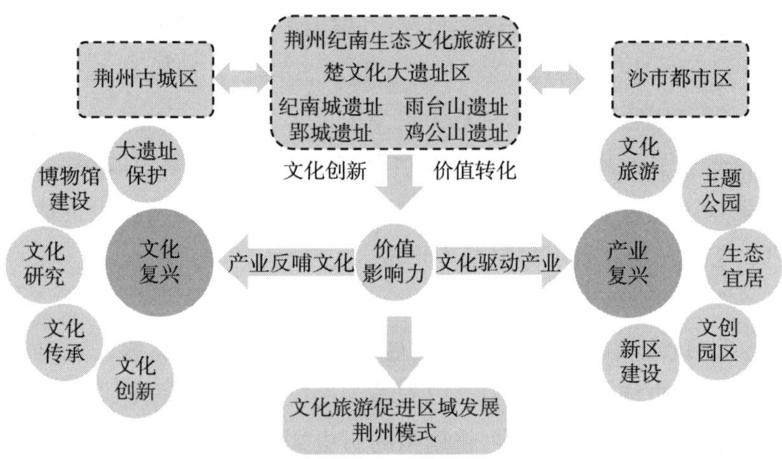

图5-6　文旅融合促进区域发展的荆州模式

（2）文化遗产资源创新转化。荆州纪南生态文化旅游区是荆州市文物保护核心区域，文物资源丰富，现有三普登录的不可移动文物139处，其中，全国重点文物保护单位3处，省级文物保护单位1处，市县级文物保护单位9处。2010年3月，省政府和国家文物局签订的《大遗址保护荆州片区共建协议》，为推进这一区域文物保护与经济社会协调发展，2010年11月，省政府批准设立“荆州楚纪南城大遗址保护区”。

荆州纪南生态文化旅游区依托荆州楚纪南城大遗址，充分挖掘楚文化资源，规划建设荆州华夏历史文化科技园、楚王宫景区、荆楚文化大观园、中国二十四节气文化旅游景区、楚国八百年、郢都楚文化展示区等文化旅游融合性项目，实现文化遗产资源的创造性转化和创新性发展，促进文化与旅游融合、文化旅游与相关产业融合，建设中国大遗址保护示范区和世界旅游目的地城市。

此外，以文化创意驱动为核心，在纪南新区和荆州古城区，打造章华盛世、楚史长河、纪南追忆、楚辞文苑、文化硅谷等五大文化旅游项目集群，以一台实景演出撬动纪南生态文化旅游区崛起，配套建设细腰宫、荆楚八音园（楚王宫）、“艺术荆楚”文化创意大道、荆州华夏历史文化科技园等景点项目，提升熊家冢国家考古遗址公园建设，通过多手段、多视角、多层面的文化旅游项目开发，集观光、休闲、度假、娱乐体验等产品类型于一体，实现文化遗产资源的创新转化。

（3）城市古城新区联动发展。荆州纪南生态文化旅游区依托楚国纪南城遗址，以及荆州古城，实现大遗址保护、古城、新区的联动发展。

围绕荆州古城，包装深度体验荆楚文化底蕴的开放性城市文化空间，完善升级荆州古城历史文化景区、荆州博物馆、张居正文化园、关公义园等项目，创意开发荆州文博园、荆楚历史文化街区、洋码头商贸文化体验街区、三国文创社区、荆州海洋世界、荆州文化产业园等项目，创新旅游产品开发方式，丰富休闲、文创、娱乐、度假等旅游产品类型，全力打造荆楚文化旅游中心城市。

荆州纪南生态文化旅游区与荆州古城形成良好的联动发展关系。纪南生态文化旅游区（一期）以文化创意驱动型城市新区发展模式为主导，推出一台大型演艺项目，配套建设细腰宫、荆楚八音园（楚王宫）、“艺术荆楚”文化创意大道、荆州华夏历史文化科技园等项目，有序推进章华盛世、楚史长河、纪南追忆、凤凰锦绣、郢城怀古、长湖帆影、楚辞文苑、云梦仙境、文化硅谷九大旅游片区建设。

（4）文化旅游生态融合发展。荆州纪南生态文化旅游区作为鄂西生态文化旅游圈的重点项目，在设计之初便将生态、文化与旅游融合。良好的生态环境是文化旅游发展的基础，同时文化旅游为区域发展提供了绿色动力，促进生态环境的美化与净化。荆州纪南生态文化旅游区有着良好的自然生态环境基础，长湖是湖北省第三大湖泊，正在建设环长湖湿地修复工程。区内规划有众多生态项目，其中第二届湖北省园博会将于2019年在区内举办。“中德生态城”规划面积约14.7平方公里，规划人口20万人。项目将充分借鉴德国先进生态城市建设理念及技术，从生态环境、绿色交通、绿色建筑、可持续能力建设、低碳示范社区能源系统五个专项进行设计。

（资料来源：作者根据对荆州纪南生态文化旅游区实地调研整理。）

（二）文旅融合助推乡村振兴：武汉石榴红村

1. 项目概况

武汉石榴红村文化旅游项目位于武汉市东西湖区慈惠街石榴红村及周边区域，规划面积约为6 500亩。该项目以汉剧戏曲文化为主题，融入戏曲、曲艺、民俗、非遗、乡村风貌、特色餐饮、主题民宿、花卉观光、田园采摘、生态农业等乡村文化旅游业态，打造浓郁的以汉剧戏曲文化为主题的江汉文化体验空间、文化创意空间和文化消费空间，通过文旅融合助推乡村振兴。

2. 发展历程

（1）文旅融合自发发展阶段。从2004年开始，东西湖区慈惠街道办事处借助“家园建设行动计划”和新农村建设的契机，结合群众“住的好”和“富起来”两大工程，以搭建市民休闲旅游和农民增收致富平台的目的，在当地成立了四季吉祥旅游服务有限公司，大力发展都市旅游农业。

2004～2005年是石榴红村乡村旅游开发的初级阶段，主要进行村容整治和景观规划。采用春天桃花、夏天石榴花、秋天桂花、冬天梅花作为绿化特色，以长江上中下游的川西、湖北、安徽古民居为建筑景观，注入相关文化元素，发展旅游产业。2005～2007 年是石榴红村乡村旅游的发展阶段，该阶段农户自发经营农家乐项目，以“住农屋、吃农饭、干农活、享农乐”为核心的农家乐正式兴起。2008 年后，石榴红村的乡村旅游建设趋于成熟，在经营农家乐的基础上开发了蔬果采摘、菜地认养等旅游项目，成为武汉市乡村休闲游示范村。居民的增收渠道由以往的单纯靠种植演变成为住宿接待、餐饮接待、认养菜地、采摘蔬果、售卖土特产、短工劳务及蔬菜种植等 7 种致富渠道。

（2）乡村集体与企业合作发展阶段。在石榴红村的旅游产业初步发展成型的基础上，卓尔文旅集团与东西湖区政府积极合作，介入石榴红村的文旅融合发展，成立组建新石榴红乡村旅游的运营公司。2010 年，卓尔文旅集团与慈惠街道签署了投资协议，在石榴红村规划建立花世界 · 花呆萌乐园，2017 年 4 月 26 日，花世界改造提升后正式对外试运营，以“呆萌”为主题，结合武汉本土汉味文化，打造“萌景、萌居、萌友、萌缘、萌娃、萌宠、萌货、萌游”八大主题风格园区。目前花世界景区年客流量 10 余万，旅游收入约 300 万元。

（3）近期建设规划。2017 年 12 月 10 日，卓尔文旅集团与武汉临空港经济开发区签署了石榴红田园综合体合作意向书。2018 年 10 月 12 日，进一步签署了石榴红乡村休闲旅游项目投资协议，开始进行石榴红田园综合体的一期规划与建设。以“吃出味，玩入戏，乐出趣”为定位，主要规划建设以石榴红戏码头 · 汉剧小镇为主体的文化旅游项目，涵盖“街、戏、茶、宴、宿”，打造江畔东方文化生活。

3. 项目重要性

（1）形成文旅融合助推乡村振兴的国家示范。文化是中国传统乡村的灵魂，文旅融合是助推乡村振兴的重要抓手。党的十九大报告提出乡村振兴战略，将实现乡村产业兴旺、生态宜居、乡风文明、治理有效和生活富裕上升至国家战略层面。然而，如何通过一系列典型案例探索并形成有效的文旅融合助推乡村振兴模式依然是现阶段有待解决的关键问题。石榴红村作为20世纪80年代新农村建设的样板，2004年率先开始乡村旅游实践，2010年开始村企合作打造乡村旅游目的地，在多个不同的时代背景下都走在乡村发展的前列。进入新时代，石榴红村依托并延续乡村发展建设经验，探索文化旅游融合的乡村振兴的新模式、新路径，通过文化旅游新业态带动乡村文化振兴、产业振兴和社会振兴，将对全国的乡村振兴起到重要的典型示范效应。

（2）打造优秀传统文化创新转化的湖北样本。习近平总书记指出，要推进优秀传统文化的创造性转化和创新性发展。戏曲作为我国的国粹文化，在多年来的传承与复兴过程中一直面临着与时代风潮、现代科技和观众审美品位的融合问题。同时，武汉及周边区域的乡村传统民俗、非遗文化也未得到充分的活化和彰显。石榴红戏码头·汉剧小镇项目深入挖掘汉剧文化，延续武汉“戏码头”文脉，将传统的戏曲、非遗、民俗文化与时尚创意、现代科技和乡村生活体验相融合，开创一种新型的文化旅游模式，对优秀传统文化创新转化将是一个重要的实践样本，也是促进武汉乡村民俗文化创新转化、活化和产品化的重要探索。

（3）营造武汉近郊乡村文化体验的旅游目的地。武汉是全国最重要的旅游城市之一。2016年武汉市全年接待游客2.33亿人次，居全国副省级城市第一位；武汉及武汉城市圈的3 000万人口本身也拥有庞大的文化旅游需求市场。但是，与上海、成都、西安等城市相比，武汉旅游依然以城市旅游为主，在武汉近郊依然缺乏具有浓郁地方文化特色、深度文化体验内涵、品牌效应彰显的乡村旅游目的地，这是武汉文化旅游体验的一大短板。因此，石榴红村以打造浓郁的汉剧戏曲文化和江汉乡村民俗文化体验为特色，将成为武汉近郊乡村民俗文化体验的重要旅游目的地。

4. 建设内容

石榴红村以打造石榴戏码头·汉剧小镇项目为核心。武汉拥有深厚的戏曲文化底蕴。武汉汉口开埠后，经济迅速发展，与省内外各地的交流沟通非常便利，茶园、戏院迅速发展，戏曲艺人云集汉口，戏剧演出异常火爆，有“货到汉口活，戏到汉口红”之说。武汉与京、津、沪齐名，成为闻名遐迩的“戏码头”所在地。汉剧作为湖北传统戏曲剧种之一，对湘剧、川剧、赣剧、桂剧、滇剧等多个地方剧种产生了重要影响，是京剧的主要源头，有“京剧唱腔之祖山”的美誉，具有强大的综合性。这是在当地发展汉剧戏曲文化的重要地域基础。

在此基础上，武汉红石榴戏码头·汉剧小镇项目建设的目标是发展传播以汉剧为主线的综合性戏曲文化。以汉剧戏曲文化为核心主题 IP，提炼项目的核心文化价值，通过文化与旅游融合、文化旅游与相关产业融合，延展形成戏曲文化产业链、旅游体验产业链、文化创意产业链、节庆活动产业链、农业旅游产业链等多条文化旅游产业链，将汉剧文化元素融入餐饮业、住宿业、加工业、农业等业态中，贯穿消费者的衣食住行，形成规模效益，驱动石榴红村文化旅游发展。

具体的建设内容包括：

①汉剧戏园：以建设承载汉剧文化符号建筑的新中式戏园为主体，集戏曲演出、戏曲博物馆、传习馆、体验馆、戏曲教育、票友活动于一体的戏曲文化综合体。融入现代化的科技元素打造出符合现代审美的改良型演艺舞台，利用一台能为消费者接受并欣赏的汉剧大戏，并辅以季节性、不间断的小型戏曲舞台，营造“戏声不断”的戏码头氛围，让消费者感受最直观的汉剧文化。

②宜居乡村：以江汉平原特色的乡土建筑元素，对石榴红村建筑和乡村风貌进行综合整治，营造浓郁的荆楚乡村文化氛围，建设环境质量优良、舒适宜人的美丽乡村。

③戏曲场景营造：将戏曲文化元素和戏曲表演场景融入街

道、建筑、广场等各处室内外空间之中，形成处处有戏的情境体验式戏曲场景。使茶园戏院不只局限在戏曲传播本身的功能，而成为当地居民与外来游客共同的公共交往空间；使民宿餐厅不只局限在满足消费者基本需求的功能，而成为当地特色文化传播与消费的场所，使消费者产生沉浸式的消费体验。

④汉水渔街：以体验江汉平原特色的地方绿色水产品饮食和民俗文化为主题的餐饮商业街。与汉江渔文化结合，打造戏宴主题餐厅，将汉剧元素加入互动场景。

⑤戏曲民宿：依托荆楚乡村传统建筑，打造一批以戏曲和民俗文化为主题元素的民宿酒店，形成“楼下有戏，窗外有景”的休憩空间。

⑥戏曲艺术节：联合湖北省群艺馆，结合江汉平原地区的特色民俗节庆庙会活动，打造一个具有全国影响力的戏曲艺术节，聚集国内其他地区的戏剧与音乐资源，利用大型的文化活动吸引消费者，扩大汉剧文化的影响力。

⑦戏曲创意空间：将传统戏曲文化 IP 化，结合现代科技、时尚创意和互联网传播方式，引入青年创意团队，打造戏曲文化创意空间。提取汉剧唱词、行当、乐器、脸谱等文化元素，打造汉剧文化市集，进行汉剧文化创意产品的设计与推广。

⑧大师工坊：设立艺术大师工作室，为艺术大师创作营造良好的文化环境、经济环境和社交网络环境，引入一批重要的戏曲、曲艺、非遗、民俗等艺术家和传承人。

⑨田园绿心：在石榴红村及周边农业用地采用大地景观艺术，发展连片的主题性花卉、田园观光农业和生态农业，实现农旅文融合发展。

武汉石榴红戏码头·汉剧小镇项目规划通过以上全方位的文旅 IP 打造，将武汉石榴红村建设为集汉剧文化传承创新中心、情境体验式戏码头、戏曲文化创意基地等功能于一体的乡村文化旅游目的地，进而将石榴红村戏码头建设成为国家 5A 级景区、国家文化产业示范基地、戏曲文化特色小镇，形成良好的品牌效益、产业效益、社会效益和文化效益，实现文旅融合助推乡村振兴示范的总目标。

石榴红汉剧文化 IP 驱动文旅融合发展如图 5－7 所示。

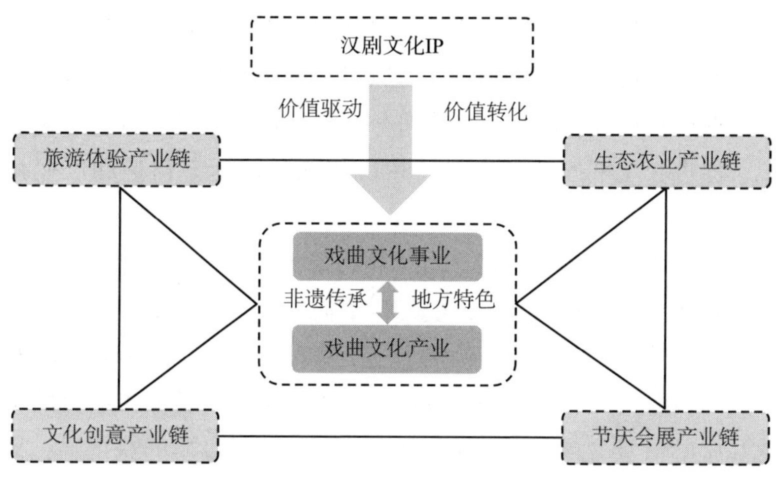

图 5－7　石榴红汉剧文化 IP 驱动文旅融合发展

5. 综合效益

（1）经济效益。通过企业投资和新型文旅业态的打造，以戏曲文化促进旅游，以文化旅游振兴农业，以艺术提高旅游品质，实现农业、文化、艺术、旅游的融合发展，优化升级乡村文化旅游，提升乡村核心竞争力，形成良好的乡村文化旅游品牌效应和吸引力。同时通过企业与村集体合作运营，成立新型农民合作社、导游合作社、农产品手工合作社、餐饮合作社等，由企业提供资金以及技术培训，村集体提供人力、场所支持，鼓励创业青年下乡从事新兴创意产业，转变当地农民的传统身份，形成新型农民运营机制、农村创客创业机制，创新转化当地的产业业态。推动石榴红村及周边区域产业发展、基础设施改善，最终促进土地增值、产业增效、农民增收，助推乡村振兴。

（2）文化效益。文化主题是乡村文旅融合的核心动力，也是旅游景点吸引投资、增强特色竞争力的关键因素。石榴红戏码头·汉剧小镇项目精准选取优势文化主题，提炼核心文化价值，通过汉剧文化 IP 的传承、创新与衍生，探索戏曲类优秀传统文化的传承、教育与复兴模式，可以促进汉剧传统文化的传播推广与创新型可持续发展，同时，可以提升石榴红村的文化底蕴和内涵，形成石榴红村的特色文化符号，盘活地方和民族特色文化资源，促进江汉平原地区乡村特色民俗文化的活态保护和产业化发展。

（3）社会效益。党的十九大报告指出："我国社会主要矛盾已经转化为人民日益增长的美好生活需要和不平衡不充分的发展之间的矛盾"。乡村文化旅游融合发展的综合效益，可以带动石榴红村乡村振兴和文化旅游升级。一方面可以满足城市居民的文化和旅游消费需求，提升城市居民对美好生活品质的获得感；另一方面，乡村文旅融合可以促进乡村产业兴旺、村民收入增加、乡村环境美化、乡村公共空间的文化品质提升，使村民的生活品质得到巨大改善。通过石榴红村文旅项目带动乡村文化与经济的双重作用，促进乡村风貌改善、乡村治理有效和乡风文明和谐，形成综合性的社会效益。

（4）生态效益。在精准扶贫、乡村振兴和美丽乡村建设过程中，坚持"绿水青山就是金山银山"的发展理念，武汉石榴红村发展文化、旅游、生态农业等新型业态，充分发挥乡村生态环境的优势，可以有效且合理地利用当地的水域资源、农田林木资源等自然生态资源，保护当地江汉平原自然生态风貌，进一步改善乡村生态环境，形成汉江流域绿色发展的典型示范。

（资料来源：作者根据对武汉市石榴红村项目实地调研整理。）

第六章

文化旅游的中国道路

中国文化旅游发展之路，既关乎中国旅游文化传统，又与中国人的生活趣味和审美情操息息相关；既是对中国文化的表达与体验，又是重要的经济产业、民生事业和生态工程；既与国际文化旅游发展规律和趋势紧密联系，同时又具有独特的中国模式和中国路径。中国文化旅游发展之路，是中国道路·文化模式的重要体现，对世界文化旅游的发展形成独特的借鉴意义。

一、文化旅游传承创新优秀文化

文化是民族的血脉，是人民的精神家园。文化自信是更基本、更深层、更持久的力量。中华文化独一无二的理念、智慧、气度、神韵，增添了中国人民和中华民族内心深处的自信和自豪。习近平总书记在党的十九大报告中指出：“文化是一个国家、一个民族的灵魂。文化兴国运兴，文化强民族强。没有高度的文化自信，没有文化的繁荣兴盛，就没有中华民族伟大复兴。”

2017 年，中共中央办公厅、国务院办公厅印发《关于实施中华优秀传统文化传承发展工程的意见》，指出“中华文化源远流长、灿烂辉煌。在 5 000 多年文明发展中孕育的中华优秀传统文化，积淀着中华民族最深沉的精神追求，代表着中华民族独特的精神标识，是中华民族生生不息、发展壮大的丰厚滋养，是中国特色社会主义植根的文化沃土，是当代中国发展的突出优势，对延续和发展中华文明、促进人类文明进步，发挥着重要作用。”文化旅游作为一种以文化为主要目的、内涵和体验形式的旅游活动，对于传承创新中华优秀传统文化、增强文化自信和文化软实力具有重要意义。

首先，中国文化旅游，从其起源之初，便深深浸润了中国人的生活情趣和审美情操，文化旅游是中国人精神文化生活的重要组成部分。自古以来，文人墨客在云游山水，寄情田园的过程中吟诗咏词，旅游成为中国古代文人获取写作灵感、充实精神生活、提升审美情操的重要方式，而历代诗人、文学家、艺术家在旅游过程中留下的大量文学艺术作品向我国的自然风景名胜中注入了深厚的文化内涵，例如泰山因一句“会当凌绝顶，一览众山小”而更添壮美巍峨之姿，岳阳楼因“先天下之忧而忧，后天下之乐而乐”而藏纳忧国忧民的厚重底蕴，自然风景名胜因为人的精神活动具有了强烈的文化属性。在当代文化产业与旅游产业融合的过程中，国家提出文化是旅游的灵魂，旅游是文化的载体，强调文化属性在旅游业发展中的重要地位，注重挖掘历史文化资源，目的之一就是利用文化旅游业的发展将那些中华优秀传统文化的价值以新的形式展现出来，将文化旅游作为连接古今思想价值、审美情操的纽带，延续中国独特的旅游文化和生活情趣，使中国精神、中国风格、中国气派不断传承发展，丰富民众的精神世界，增强民众的精神力量，提高民众的文明素质。

其次，文化旅游促进了中华优秀传统文化的传承与创新。在中共中央政治局第十三次集体学习时，习近平总书记提出：“要处理好继承和创造性发展的关系，重点做好创造性转化和创新性发展。创造性转化，就是要按照时代特点和要求，对中华优秀传统文化内涵的表现形式加以创造性改造，赋予其新的时代内涵和现代表达形式，激活其生命力。创新性发展，就是要按照时代的新进步新进展，对中华优秀传统文化的内涵加以补充、拓展、完善，增强其影响力和感召力。”文化旅游业作为创新、创意型产业，是赋予传统文化现代表达方式，促进传统文化创造性转化的重要手段。文化旅游承载了展示优秀传统文化、延续文化遗产的生命周期、创新传统文化的传承模式等重要功能。在现代大众传媒快速发展，居民精神消费水平不断提高的背景下，旅游市场对中华优秀传统文化的有效利用开发扩大了民族文化的传承方式。文化旅游业的发展在带来大量客流的同时，一定程度上激发了开发商对当地传统文化的需求，客观上使得许多人文景观得以修复和利用，使许多传统物质与非物质文化遗产在文化旅游的发展过程中得到复苏，并融入旅游市场，得到重构和新生。在文化旅游发展的过程中，强调传统文化特色元素的文化创意产品、符合现代审美的创新民族文化旅游演艺、借助传统文化形成文化品牌的主题餐饮住宿等均是重要的文化传承形式。

例如，昆曲是中国传统戏曲曲种之一，自清中叶以后，随着各地方戏曲曲种，尤其是京剧的兴起，以昆曲为代表的“雅部”逐渐衰落。近年来，随着文化旅游的兴起繁荣，昆曲表演也逐步从传统舞台走向文化旅游景区景点，促进了广大游客欣赏并喜欢昆曲传统艺术。苏州巴城建设的主打旅游文化产业、创意产业和特色餐饮产业的昆曲特色小镇，将昆曲元素融入小镇游客的衣食住行之中，打造沉浸式的文化遗产旅游体验，① 也进一步推动了昆曲艺术融入市民生活中，焕发新的升级。

同时，文化旅游是中华民族文化认同的重要来源，国家和民族的身份认同建构在文化旅游活动中得到体现。中国的文化旅游资源和审美体验深深浸润了中国传统文化的内涵，是民族文化认同的重要来源。文化旅游活动是人一生中宝贵的经历，通过对祖

① 焦哲．浅析商业化视角下昆曲的传承与发展［J］．人文天下，2018（19）：67－72.

国大好河山的游历，实地体验不同地域的自然环境、社会经济、历史背景与人文风貌，可以极大地丰富旅游者的地理人文知识，激发起对中华文化和大好河山的热爱赞美之情，塑造并强化对中华民族的文化认同。通过文化遗产旅游等旅游形式，旅游者可以在旅游地获得自身与当地文化的联系，从而增强对当地的认同感。在参观名人故居、踏访古城村落、观赏大好河山的过程中，中华民族在物理空间层面的文化积淀潜移默化地给旅游者带来了个体归属感和国家民族情感。例如我国的红色旅游地井冈山景区，旅游消费者在当地不仅是为了观赏美丽的自然风光，同时也可以体验在革命根据地遗址中留下的革命故事，从而唤起旅游消费者对近代中国历史，尤其是革命年代的强烈共鸣，使得旅游者产生强烈的民族认同感和爱国主义情操。而当旅游者行走于北京故宫、敦煌莫高窟等壮美的具有国家意义的遗产旅游地时，油然而生的民族自豪感也是构建民族文化认同的重要体现。因此，文化旅游已经超越了娱乐与认知的功能，而是上升到国家与民族认同的层面，不仅是文化遗产和旅游的表层结合，同时也是作用于身份认同生成的重要文化过程。

再次，文化旅游提升了中华文化的全球影响力。旅游具有传播文化、招徕远人的力量，可以产生强大的区际和国际影响力，形成国家文化软实力。在文化旅游体验的过程中，来自不同文化环境的旅游者可以最大限度地接触到旅游目的地的地理人文景观、文化休闲产品，以及包蕴在其中的充满魅力的生活方式和文化内涵，这种非强制方式可以潜移默化地影响外来旅游者的文化情感偏好。因此，文化旅游活动，尤其是入境旅游的健康发展可以凸显我国优秀传统文化的感召力，提升中华文化的全球影响力。以成都为例，成都将天府文化融入旅游业的发展过程中，打造传播成都美食、熊猫等文化旅游符号，被联合国教科文组织授予“美食之都”的称号。与此同时，成都市民安逸的生活方式与闲适的市民心态成为成都城市文化的重要特色，与欧美国家崇尚工作生活平衡的理念不谋而合，也极大吸引了外国游客前来。在美国智库布鲁金斯学会发布的《全球大都市监测报告 2018》中，爱尔兰都柏林、美国圣何塞和中国成都分列这个榜单前三位。[①] 由此可见，文化旅游作为一种文化认同的过程，是不同文化的交流、交融的流动生态，中国的特色文化可以借助旅游为载体，进行大范围的流动与传播，并获得国际范围的认可和影响力。

最后，文化旅游推动了世界文明的交流互鉴，是文化传播的重要载体，也是文化交流的重要纽带。2019 年 5 月 1 日，《求是》杂志发表习近平总书记重要文章《文明交流互鉴是推动人类文明进步和世界和平发展的重要动力》。文章全面深刻阐述对文明交流互鉴的看法和主张，强调应该推动不同文明相互尊重、和谐共处，让文明交流互鉴成为增进各国人民友谊的桥梁、推动人类社会进步的动力、维护世界和平的纽带。文章指出，中华文明经历了 5 000 多年的历史变迁，但始终一脉相承，积淀着中华民族最深层的精神追求，代表着中华民族独特的精神标识，为中华民族生生不息、发展壮大提供了丰厚滋养。中华文明是在中国大地上产生的文明，也是同其他文明不断交流互鉴而形成的文明。在文化旅游领域，我国积极利用旅游业作为助力文明交流互鉴的推手，尤其在国家提出“一带一路”建设后，我国积极发展与“一带一路”沿线国家的文化旅游合作关系，签署双边文化、旅游合作文件 76 份，推动建立中国—东盟、中国—中东欧、中俄蒙等一系列双边、多边文化旅游合作机制，举办中国—中东欧、中国—东盟、中国—欧盟等 10 余个文化年、旅游年，推动文化遗产的联合申遗工作和沿线国家文物修复援助工程，深入开

① 布鲁金斯学会：2018 全球大都市监测报告，https：//www. useit. com. cn/thread - 20052 - 1 - 1. html.

展以文化和旅游机构为主体的交流与合作。[①] 利用国际上的合作关系推动多方旅游业的共同发展，同时增进对彼此的文化理解和认同。而旅游消费者本身也成为文明互鉴的载体，文化旅游通过人的流动实现不同文明间的交流对话，无论是通过异国旅游者的入境旅游，将中华文化带向世界，还是通过中国旅游消费者的出境旅游，将中华文化向国外传播，文化旅游都成为世界文明交流互鉴最直接、最有效的途径。

二、文化旅游推动经济转型发展

文化及旅游相关产业是国民经济的重要支柱性产业，也是助推区域发展的结构性力量。改革开放以来，文化旅游起初是作为重要的外汇来源、经济产业和就业部门，受到国家和各地方政府的高度重视。近年来，随着增长方式转型和产业结构调整，文化旅游与相关产业融合发展，已经成为助推区域发展的结构性力量，成为国民经济中的重要支柱性产业。

改革开放以来，中国经济经过几十年的高速发展，GDP 总量增长迅速。随着经济增长方式的转型，我国经济已由快速工业化、城镇化拉动的高速增长阶段，开始向工业化后期和后工业化的高质量发展阶段转型。在这个转型过程中，服务业和消费对经济发展的拉动作用越来越显著。1978 ~ 2017 年，第三产业增加值占我国 GDP 的比重从 24. 6% 升至 51. 6% ，提高 27 个百分点；2017 年，服务业对经济增长的贡献率为 58. 8% ，比 1978 年提高 30. 4 个百分点[②]。文化旅游产业是服务业的重要组成部分，对于

---

① http：//www. wenming. cn/bwzx/jj/201809/t20180911_4826467. shtml.

② 数据来源：中国新闻网 . 总量连上新台阶　中国经济乘上“改革开放号快车”，2018. 11. 15. http：//www. xinhuanet. com/politics/2018 – 11/15/c_1123715042. htm.

优化产业结构、提升产业发展质量、促进消费、促进发展方式转型具有重要作用。

首先，文化旅游产业逐步成为经济发展的新动能。我国经济已由高速增长阶段转向高质量发展阶段，正处在转变发展方式、优化经济结构、转换增长动力的攻关期。同时，作为战略性支柱产业的旅游业进入黄金发展期，2015 年国内游、出境游出游人数超过 40 亿人次，到了 2017 年，国内游、出境游出游人数突破 50 亿人次，旅游业对 GDP 的综合贡献为 9. 13 万亿元，对国民经济和社会就业的综合贡献率占 11. 04%①，其对整体国民经济发展的影响会不断增强，据国家发展改革委、文化和旅游部等 18 部门联合印发《加大力度推动社会领域公共服务补短板强弱项提质量促进形成强大国内市场的行动方案》提出，到 2020 年，现代公共文化服务体系基本建成，旅游经济稳步增长，对国民经济的综合贡献度将达到 12%。文化旅游业已成为国民经济战略性支柱产业和综合性幸福产业，成为拉动经济发展的重要动力。旅游业秉承全域旅游的发展思路“全景式打造、全方位服务、全社会参与、全季节体验、全产业融合、全区域管理”，推进文化旅游对传统产业结构的转型。文化旅游的发展可以调节第二产业和第三产业的关系，同时有利于传统服务产业的升级，产业结构的转型和优化，发展态势上的转型，促进旅游业从规模型向质量效益型转变，从单一的观光旅游向深度体验游转变。

其次，文化旅游助推经济转型，成为多个区域的重要支柱性产业。旅游产业是具有高度产业关联性的产业，旅游产业的跨界融合是旅游产业的基本特征。同时，作为现代服务业，旅游产业能够促进关联产业的发展，彼此形成产业集群，成为区域经济发展的强劲助推力。旅游业与相关产业的融合，能够提升相关产业

---

① 数据来源：中国旅游研究院 . 2017 年中国旅游业统计公报，2018. 12. 28. http：//www. ctaweb. org/html/2018 - 12/2018 - 12 - 28 - 15 - 55 - 12622. html.

的文化内涵与附加值，助推区域产业结构的升级和转型。文化旅游的发展与地区经济的发展程度密切相关，地区经济越发达，景区配套设施的建设也就相应越完善，资源整合程度就越合理。文化旅游的紧密融合有利于地区文化景观和区域品牌形象的形成。一个区域发展成为旅游区域将从根本上改变区域的产业结构和消费模式，旅游业使区域从生产型主导结构转变为消费型主导结构，同时，促进增长方式的转型，比如从依靠污染性强的工业来拉动经济转变为依靠可持续性强的旅游业，对生态环境的保护具有很大的积极作用。旅游所赋予区域的品牌形象和文化魅力附加值也将成为区域的无形资产并形成强大的赋值平台，地区的其他功能在此赋值平台上都将得到提升，使居住、商务、制造、生态、行政等主要功能与文化和旅游紧密融合，形成现代新型的文化旅游魅力区域。例如，位于浙江省的安吉县具有极美的生态环境，该县变生态优势为农业产业发展优势，依托本地生态资源延伸产业链条，打造具有本地特色的农副产品加工等绿色产业；变生态资源为旅游资源，大力发展生态旅游休闲产业，借助《卧虎藏龙》等影视作品进行营销，成为著名生态影视基地；打造长三角“都市后花园”，文化旅游的快速发展成为带动全县经济的增长点，同时全面提升该县的区域功能，优化区域环境。

再次，文化旅游是推动城市化发展和转型的结构性力量。在城市老城区，主要通过文化旅游对城市历史街区进行综合改造，形成城市文化街区、城市文化综合体等方式实现老城区的复兴与发展；在城市新区，主要通过文化品牌形象塑造、公共文化体系打造和文化相关产业发展来带动新城发展；在中小城镇，主要通过主题性文化休闲旅游城镇、特色文化产业城镇等促进新型城镇化发展；在农村社区，主要通过依托特有生态产业，形成“生态—文化—旅游”一体化的农村文化社区。通过以文化为导向的城镇化发展模式，实现以文化带动新型城镇化发展，全面提升包括城市老城区、城市新区、中小城镇、农村社区在内的城镇化发展水平①。

在城市老城区的复兴过程中，历史街区景观、建筑与文化氛围是实现城市老城区复兴的重要载体。文化创意产业的发展是推动历史街区改造的重要举措，将工业遗产、废弃厂房进行再利用和改造，将城市的历史街区与建筑通过文化创意的表现形式进行再创造，形成文化景观、文化休闲、文化商贸和文化创意产业高度融合的城市文化综合体，给城市带来大量输入性消费，加速城市发展的消费导向转型。武汉汉阳造是由城市废弃工业厂房改造而来的艺术区，原为张之洞汉阳兵工厂和 824 工厂的一部分。现在已成为武汉的艺术名片之一，聚集了众多艺术家工作室、画廊、艺术展馆、音乐、演艺工作室等；上海田子坊在 1998 年以前还只是拥挤平常的马路集市，后来经过政府支持后得到改造，整体建筑比较完整地保留了老上海石库门建筑的市井风情，众多艺术家入驻田子坊，还有各类创意店铺、咖啡馆的出现，使这里成为具有浓厚人文艺术气息的现代创意聚集地。

此外，文化旅游的发展对资源枯竭型城市的转型具有重大意义。资源枯竭型城市指的是不可再生资源开发进入后期、晚期或末期阶段，其累计采出储量已达到可采储量的 70% 以上的城市。资源枯竭导致产业效益下降、产业结构单一、经济总量不足、人均收入偏低。通过发展文化旅游来带动当地经济和就业，能一定程度上代替对矿石、煤炭等不可再生资源的挖掘和开发，从而使城市增长方式可持续化，达到由资源枯竭型城市向旅游型城市的转型。河南的“焦作现象”是该类城市转型的典范。焦作市因陷入煤炭资源枯竭的困境，从而奋力发展旅游业，并在短时间内实现了从无到有、从小到大、从弱到强的根本性变化，打造了世

---

① 钟晟．文化导向的新型城镇化发展模式研究［J］．文化软实力研究，2017，2（1）：28－34.

界地质公园、焦作山水（云台山、神农山、青天河等）、太极拳三大具有国际影响力的主题旅游品牌，从昔日煤炭城市蜕变成中国优秀的旅游城市；江西的萍乡市曾是“江南煤都”，在面临资源枯竭的情况下，该市通过发展冶金、机械电子、生物医药、现代服务业等传统与新兴产业齐头并进的产业发展体系，大力实施旅游强市战略，打造“红色安源、绿色武功山、古色杨岐”等旅游品牌，加强文化和旅游的深度融合，使产业结构得到全面提升。与此同时，该市利用先进的科技，屡次试点创新进行生态治水，成功解决城市内涝问题，转变成名副其实的海绵城市。

最后，文化旅游也是推动乡村振兴的重要途径。乡村振兴是十九大重点提出的国家战略，而发展乡村文化旅游无疑是实现乡村振兴的必由之路。随着体验经济时代的到来，我国的乡村文化旅游发展结构由粗放单一的农家乐向个性休闲、文化体验、生态保护以及文化传承等旅游功能升级，乡村文化旅游产品特征趋向创意化和精致化。在乡村振兴进程中，传统村落、美丽乡村、乡村民宿、休闲农庄、特色庄园、田园综合体、旅游风情小镇、乡村旅游度假区等的建设被作为发展重点。

乡村文化旅游发展聚焦“农村、农业、农民”与“生态、生产、生活”，整合各种要素集聚发展，创造美好乡村生活空间，真正实现了“农村增美、农业增值、农民增收”，在乡村振兴中发挥着积极的促进作用；乡村旅游，实质上是脱离城市喧嚣、回归乡间的一种生活方式，是改善“不平衡不充分的发展”，满足人民“美好生活需要”的重要途径。[①] 乡村旅游的发展在优化乡村生态环境、美化乡村面貌的同时，促进农业生产转型、提高经济水平。世界级网红打卡地—台湾的彩虹眷村、中国最美乡村—江西的婺源，它们原本都是偏僻的小村落，随着文化旅游的创造

① 王洁平．乡村旅游在乡村振兴中有大作为．中国乡村旅游网，2017. 11. 09. http：//www. crttrip. com/showinfo －6 －2774 －0. html.

性开发，使当地经济得到振兴，村民生活得到改善，乡村环境得到规整和美化，甚至成为炙手可热的旅游景点，所以，文化旅游是乡村振兴的重要助推力。

三、文化旅游促进美丽中国建设

党的十九大报告把美丽中国作为建设新时代中国特色社会主义强国的重要目标，提出从 2020 年到 2035 年，“基本实现社会主义现代化”，其中，“生态环境根本好转，美丽中国目标基本实现”。美丽中国成为社会主义现代化目标的重要组成部分之一。从 2035 年到 21 世纪中叶，“把我国建成富强民主文明和谐美丽的社会主义现代化强国”。新时代中国特色社会主义思想为旅游业的发展带来新机遇、提出了新要求。

中国的壮丽的自然山河与悠久的历史文化具有独特的旅游审美价值，对于表达中华文化之美、塑造美丽中国的国家形象具有重要的促进作用。我国文化旅游传统中的景观理念，文化赋予自然山水以美学意蕴，自然与人文的“情景交融”是中国文化旅游的重要特征。通过对自然山水的诗意塑造，创造了大量富有东方文化韵味的风景名胜及文化景观遗产。在中国文化传统中，形成了独特的风景名胜传统，围绕城镇、乡村凝练出大量的“八景”“十景”等自然文化景观，是美丽中国和当代风景名胜建设的重要文化遗产。例如著名的“西湖十景”最早形成于南宋并延续至今，对我国城郊山水园林景观营造产生了深远影响。2011 年 6 月 24 日，杭州西湖文化景观列入世界遗产名录。2013 年，西湖十景作为文化景观，被国务院整体列入第七批全国重点文物保护单位。

中国文化旅游发展是美丽中国和生态文明建设的重要组成部分。改革开放以来，随着旅游业的发展繁荣，文化旅游对美丽中国的促进作用日益显现。人与自然融合的“天人合一”的古典哲学理念，以及中国传统文化中深厚的文化内涵，一直贯穿在中国旅游目的地和风景名胜区的建设过程中，让我国的自然山水和人居环境变得更加美丽。例如在湖北省安陆古银杏国家森林公园的规划建设中，将银杏所赋予的文化内涵、安陆地方历史文化与银杏所形成的自然景观相结合，

同时，在改革开放以来的旅游业发展之路中，旅游业首先被认为是一种不消耗资源与能源的“无烟工业”，被作为一种与传统工业相对应的经济产业。近年来，在可持续发展和美丽中国建设的理念指导下，在旅游开发过程中则日益强调对自然生态和人文生态环境的保护。习近平总书记2013 年 12 月在《中央城镇化工作会议》的讲话中提出“望得见山，看得见水，记得住乡愁”，在全社会引发了广泛反响和共鸣，被称为近年来生态与文化旅游发展的指导思想。2018 年 3 月，国务院办公厅印发《关于促进全域旅游发展的指导意见》，文化旅游与城乡建设和生态环境保护进一步紧密融合。在旅游景区景点的营造过程中，旅游场所在景观性、美学性、自然性、舒适性和文化性等方面的高要求对美丽中国建设的促进作用早已超出旅游业之外，而是实现全域的景区景点化，让我国整体的城乡环境和人居环境更加美丽宜人。

此外，随着旅游业的繁荣发展，“文化 +”“旅游 +”所带动的文化旅游产业集群逐渐成为区域经济转型发展的重要力量，不断推动区域发展从传统的依赖资源、能源及大规模建设的路径转型为生态文明路径。例如根据国家发改委统计数据，目前我国共有以矿产、森林等自然资源开采、加工为主导产业的资源型城市 118 个，约占全国城市数量的 18%，总人口 1.54 亿人。这些城市由于缺乏统筹规划和资源衰减等原因，在发展过程中积累诸多问题，比如经济结构失衡、接续替代产业发展乏力、生态环境破坏严重等，一些问题较严重的资源型城市被列为资源枯竭型城

市。在资源枯竭型城市的转型发展过程中，文化、旅游及其相关产业担当了重要作用。例如中部地区典型的资源枯竭型城市——焦作，近年来随着云台山、陈家沟等文化旅游项目的发展，已经从一个传统的煤炭城市转型成为文化旅游城市，整个城市的产业结构、自然生态环境和文化风貌得到了根本性的改善，成为通过文化旅游实现区域发展方式转型、促进美丽中国建设的典型代表。

四、文化旅游提升人民美好生活

习近平总书记在党的十九大工作报告中指出：中国特色社会主义进入新时代，我国社会主要矛盾已经转化为人民日益增长的美好生活需要和不平衡不充分的发展之间的矛盾。这是自 1981 年十一届六中全会提出，在社会主义初级阶段，我国社会的主要矛盾是“人民日益增长的物质文化需要同落后的社会生产之间的矛盾”以来，社会主要矛盾表述第一次发生变化。

我国文化旅游的发展繁荣反映了人民美好生活的不断提升与实现。文化旅游活动满足了人们享受生活、钟情自然、陶冶文化情操的需求。改革开放以来，伴随着人民生活水平的不断提升，对文化旅游的需求也如井喷式增长，促使我国文化旅游产业不管是从规模还是品质上都得到迅速发展。2018 年党的十九大报告指出，要不断满足人民日益增长的美好生活需要，文化旅游作为人民美好生活的重要需求，其发展正当其时。

首先，文化旅游是人民美好生活的重要表现形式，是生活水平提高的一个重要指标。改革开放从 1978 年到 2017 年，我国国内生产总值按不变价计算增长 33.5 倍，年均增长 9.5%，平均每 8 年翻一番。40 年间，中国由低收入国家跨入中等偏上收入国家行列。2017 年，中国人均 GDP 达 59 660 元，扣除价格因素，比 1978

年增长 22.8 倍，年均实际增长 8.5%。中国人均国民总收入由 1978 年的 200 美元提高到 2016 年的 8 250 美元①。随着经济发展和居民收入节节攀升，我国居民的消费水平大幅提高。2017 年，全国居民恩格尔系数为 29.3%，比 1978 年的 63.9% 下降了 34.6 个百分点②。也就是说，在我国居民的消费构成中，食品支出比重（恩格尔系数）明显下降，非生存性的精神文化需求比重不断提高。在收入水平改善的同时，中国人的闲暇时间也不断增加。改革开放以来，中国法定假日和周末休息日由约 60 天增长到 115 天，假日天数逐渐增多，休假制度日趋完善，休假质量不断提升。随着收入提高和闲暇时间的增加，我国居民的旅游需求呈现出井喷式的增长。1984 年中国人均国民出游仅仅只有 0.2 次，而到 2015 年则首度超过 3 次，2017 年人均国民出游达到 3.7 次③。旅游活动已经成为中国人美好生活中不可或缺的一个重要组成部分。

其次，文化旅游是提升全民健康水平、增进人文修养、促进社会主义精神文明建设的一种重要手段。旅游有利于身心健康，在旅游过程中，游客不仅身体得到了锻炼、心情得到了放松，而且促进了知识、眼界与胸怀的增长。不管是休闲旅游、养生旅游、度假旅游、运动旅游，还是文化旅游，都是修养身心、提升全民健康水平的重要方式。另外，旅游集物质消费与精神享受于一体，旅游与文化密不可分。旅游是修身养性之道，中华民族自古就把旅游和读书结合在一起，崇尚“读万卷书，行万里路”。中华民族也是一个诗性的民族，古今文人在旅游过程中，吟咏山水，感悟人生，是民族的宝贵精神财富。文化旅游便是“诗与远方”结晶的产物，通过游历自然山水和人文遗迹，可以让人的精神得到升华，道德情操得到净化，心胸得以开阔，知识得以增

① http://www.xinhuanet.com/politics/2018-11/15/c_1123715042.htm.

② http://finance.jrj.com.cn/2018/08/31122725031097.shtml.

③ https://www.businesstimes.cn/articles/128528/20181222/travel.htm.

长，进而增进全民族的人文修养。因此，文化旅游是社会主义精神文明建设的重要组成部分，两者相辅相成、互相促进。

最后，文化旅游是促进就业和扶贫的有效手段，也是提高人民生活水平的重要产业。旅游业作为劳动密集型产业、消费驱动型产业，产业综合带动效应强，能够创造大量的直接和间接就业机会，对增加就业有重要的拉动作用。据世界旅游组织公布的资料，旅游行业每增加 1 个直接就业机会，社会就能增加 5 ~ 7 个间接就业机会。国家旅游局发布《2016 年中国旅游业统计公报》统计指出，2016 年旅游直接和间接就业 7 962 万人，占全国就业总人口的 10. 26% 。同时，旅游服务的就业门槛相对较低，在一些热门旅游目的地，围绕旅游服务而兴办的商店、旅店、餐馆比比皆是，成了旅游目的地居民收入的重要来源。尤其是在一些贫困地区和农村地区，旅游业成为精准扶贫的重要手段。例如贵州省 2017 年印发的《发展旅游业助推脱贫攻坚三年行动方案(2017 ~ 2019 年)》明确，把旅游扶贫作为产业扶贫的重要抓手，把乡村旅游作为精准扶贫的重要途径，把解决更多贫困人口就业作为旅游发展的重点方向，实施旅游项目建设扶贫、景区带动旅游扶贫、旅游资源开发扶贫、乡村旅游扶贫、旅游商品扶贫、“旅游 + ”多产业融合发展扶贫工程等。因此，由于旅游业对就业和居民收入增加的带动作用，文化旅游从产业角度上来说也是提高人民生活水平的重要产业。

五、文化旅游构筑民族精神家园[①]

文化是一个国家、一个民族的灵魂。每个民族都有自己的精神家园，这是一个民族的精神支撑、情感寄托和心灵归宿，是增

① 钟晟 . 推进文旅融合 · 构筑中华民族精神家园［N］. 中国旅游报，2019 - 07 - 06（003）.

强民族团结、推动民族发展的精神动力。文化和旅游融合发展，可以培育中华民族共同体认同，有助于更好构筑中华民族精神家园。

精神家园是一个民族的文化认同和精神寄托。文化和旅游活动是保护、传承、体验、创新民族文化最重要的方式。在文旅融合发展进程中，内涵与载体融合，价值与体验融合，民族文化的地域性和旅游者的移动性结合，为培育中华民族共同体认同、深化中华文化的多元深度体验、传播中华文化价值与魅力创造了前所未有的契机。

2014 年 9 月，习近平总书记在中央民族工作会议上强调，加强中华民族大团结，长远和根本的是增强文化认同，建设各民族共有精神家园，积极培养中华民族共同体意识。

文化认同本质上是对民族文化产生出一种如故乡与家园般的认同。中华文化不仅是中华文明悠久历史的积累和沉淀，也是中华民族共同的精神之源和文化之魂。我国地域辽阔，民族文化和地域文化丰富多彩。通过文化旅游，可以不断推动不同民族、不同地域文化传承创新与转化，也可以极大地促进不同民族、不同地域之间文化交流和旅游体验，以此来推动我国不同民族、地域文化之间交流和交融，激发起旅游者对中华文化和大好河山的热爱赞美之情，在文化和旅游活动的过程中逐渐培育国民对于中华民族多元一体的深刻认识和对中华民族共同体的认同，构筑中华民族精神家园。

文化旅游可以深化中华文化的多元深度体验。随着经济社会发展，文化和旅游体验已经逐渐从表层的感观体验、愉悦体验深化为深层次的情感体验和认同体验。中华文化富含深刻内涵，是跨越时空和民族的情感纽带。古代文人墨客在吟咏祖国大好河山的过程中，便深深寄托了对国家、民族的深厚情感和家国情怀，是对中华民族多元文化深度体验的精华。如“风吹草低见牛羊”“小桥流水人家”“会当凌绝顶，一览众山小”“先天下之忧而忧，后天下之乐而乐”等都凝聚着中华文化基因。

在文旅融合发展进程中，要注重对民族文化和地域文化内涵的高度凝练和精准表达，也要通过对优秀传统文化的创造性转化和创新性发展，将民族文化和地域文化内涵通过文化旅游的符号化、景观化、体验化、参与化和市场化进行生动再现，加深旅游者对不同民族文化和地域文化内涵的情感互动与共鸣，形成具有较深层次内涵的情感体验和认同体验，以此不断深化不同民族对中华文化的情感联结与认同，构筑中华民族精神家园。

文化旅游可以传播中华文化的独特价值与魅力。文明因多样而交流，因交流而互鉴，因互鉴而发展。中华文化在世界文明体系中所展现出来的独一无二的理念、智慧、气度、神韵，增添了中国人民和中华民族内心深处的自信和自豪，也是吸引全世界游客来中国旅游、推动文明交流互鉴的根本驱动力。

2017 年，国家主席习近平向联合国世界旅游组织第 22 届全体大会致贺词，其中指出“旅游是不同国家、不同文化交流互鉴的重要渠道”，同时指出“中国拥有悠久历史、灿烂文化、壮美山川、多样风情，我们热情欢迎各国旅游者来华观光度假”。随着我国出入境旅游快速发展，大量中国人走出国门，日益成为传递中华文化的使者，大量外国人来华体验中华文化。旅游正成为增强国家文化软实力、提升中华文化影响力、构建人类命运共同体的一种重要方式。

只有民族的，才是世界的。在全球化、信息化浪潮中，在文旅融合发展进程中，要不断突出中华文化在世界文明之林中所展现的独特价值与魅力，使中国精神、中国风格、中国气派不断传承发展。

总而言之，中国文化旅游发展之路，既关乎中国旅游文化传统，又与中国人的生活趣味和审美情操息息相关；既是对中国文化的表达与体验，又是重要的经济产业、民生事业和生态工程；

既与国际文化旅游发展规律和趋势紧密联系，同时又具有独特的中国模式和中国路径。因此，中国文化旅游发展之路，是中国道路·文化模式的重要体现，并必将对世界文化旅游的发展形成独特的借鉴意义。

参考文献

1. 傅才武，翁春萌，蒋昕．文化产业集聚区策划与运营［M］．武汉：湖北人民出版社，2012.

2. 傅才武．论文化和旅游融合的内在逻辑［J］．武汉大学学报（哲学社会科学版），2020（2）.

3. 马勇，余冬林，周霄．中国旅游文化史纲［M］．北京：中国旅游出版社，2008.

4. 夏杰长，徐金海．中国旅游业改革开放40年：回顾与展望［J］．经济与管理研究，2018（6）.

5. 谢贵安，华国良．旅游文化学［M］．北京：高等教育出版社，1999.

6. 喻学才．中国旅游文化传统［M］．南京：东南大学出版社，1995.

7. 钟晟．旅游策划：理论、案例与实践［M］．上海：华东师范大学出版社，2017.

8. 钟晟．旅游产业与文化产业融合发展研究——以武当山为例［M］．北京：中国社会科学出版社，2015.